# 148cm
## ディレクターと学ぶ
# 小柄が輝く
# おしゃれの本

—

COHINAディレクター
田中絢子



主婦の友社

# はじめまして!

小柄女子のためのブランド「COHINA《コヒナ》」の
ディレクターをしている田中絢子です。
**私は身長148㎝。私自身も、まさに小柄女子です。**

中学生くらいからおしゃれに興味を持ったものの、
サイズが合う服がほとんどありませんでした。
モデルさんのように脚が長いわけでもなく、パンツをお直しすると全く違うシルエットに。
しかたなく向かうのは、キッズ服売り場……。

## 「着たい服」ではなく「着られる服」を着るしかない。

世の中には可愛い服がこんなにたくさんあるのに、
小柄というだけで自分には選択肢がない。おしゃれになりようがない。
「なりたい自分」をあきらめなくてはならない。
そんな世の中に対して、いきどおりさえ感じていました。

でも、あるとき思ったのです。
**私は一生、148㎝から大きくなることはありえない。**
**じゃあこれからずっと、おしゃれをあきらめるの?**
**自分のアイデンティティを捨ててしまうの?**

## 答えはNO!

それならば、自分で自分の「着たい服」を作ろう。
小柄にしかわからない困り事を解決し、さらに「なりたい自分」になれる服を。
小柄女子による、小柄女子のための服を。
それがCOHINAを立ち上げようと思ったきっかけです。

| | |
|---|---|
| **ONE-PIECE** | COHINA |
| **TOPS** | COHINA |
| **EARCUFF** | GU |
| **EARRINGS** | mimi33 |
| **RING** | ENELSIA |
| **BRACELET** | Tiffany & Co. |

そこからは、どんな服を作るかを考える日々。
百貨店やショッピングモールに一日じゅう入りびたり、フロアじゅうを回って、試着、試着、試着……。
それでもサイズが合うお洋服は、ビルじゅうで1~2点しかありませんでした。

小柄さんにとって、「選ぶ」が楽しくなるような服にするには？
丈だけじゃない、肩幅も身幅も袖丈も小柄仕様にしたい。
そうするとウエストやポケットの位置、襟やボタンの大きさも変えたほうがいいかもしれない。
そんな試行錯誤を続け、ようやくでき上がった小柄女性のためのお洋服ブランドが、
COHINAです。

COHINAのおかげで「選ぶ自由」を手にした私は、
もっともっといろんなお洋服にトライしたいと思うようになりました。
この服も、あの服も、
**COHINAのお洋服をベースにすると、**
**いろんなコーディネートにも挑戦できるようになったのです。**
帽子をかぶれば、視線を上に持っていけるかな？
パンツは広がりすぎないシルエットなら、スタイルよく見えるかな？

**自分の体形に向き合って、たくさん服を着て、**
**知識を蓄積さえすれば、おしゃれの幅はぐっと広がる……。**

**今では断言できます。センスとは知識のこと。**
**そして、誰でも絶対に、みがいていけるものだと。**

小柄というのはそれだけで可愛いといってもらえる。親しみやすく感じてもらえるという
ラッキーな面もあります。それを生かす、あるいは逆手にとる、ということもできる……。
**光の当て方を変えるだけで、**
**悩みが、急に輝きに見えてくる。**

この本は、そうやって年間何千着と服を着ることで得た知識を詰め込んだ、
小柄女子が自分の輝かせ方を学ぶための本です。

COHINAを立ち上げるときに、
周囲や、Instagramで募った小柄さんたちにたくさんお話を伺いました。
どんなことに悩んでいるか、どんな服がほしいか。
そのお声がCOHINAのベースとなっています。

COHINAをスタートしてからも、Instagramで小柄さんたちと情報を交換したり、
365日、インスタライブを開催したり。
そうすることで、たくさんの小柄さんとつながることができました。

**私と同じように悩んできた、**
**小柄仲間がこんなにたくさんいるなんて！**

COHINAの仲間たち。敬愛を込めて、コヒナーさん、と呼ばせていただいています。

**小柄ならではの悩みを共有し合い、**
**みんなで解決しながらおしゃれを楽しんでいく。**
**私たちとコヒナーさんは、**
**商品を売る人と買う人という関係ではなく、仲間であり、同志。**

COHINAは、アパレルブランドであるだけでなく、
コヒナーさんたちがつながり合う大きなコミュニティに成長しました。

この本には、私が研究してきたことだけでなく、小柄女子みんなの知恵が詰まっています。
Q&Aページなどには、コヒナーさんのアイディアを掲載させていただきました。

**「ファッションは興味すら持てない……」**
**と思っている小柄女子のみなさん、**
**私たちといっしょに悩みながら、**
**まずは楽しむ方法を知って**
**小柄だからこその輝き方を、**
**たくさん見つけてみませんか？**

この本が、そのきっかけになれば、とてもうれしく思います。

# CONTENTS

## LESSON 3 「小柄女子」は小物であか抜ける



## LESSON 4 小柄女子のお仕事服とオケージョン、どうする?

# LESSON 1

# 「小柄女子」<br>だからこそ似合う<br>“得意なアイテム”を<br>見つける、着こなす

／

私は「小柄だからこそ似合う服」というものがある、と思っています。
小柄はそれだけで親しみやすく、やわらかい印象を与えます。
まず、小柄の可憐さを生かしきる“得意なアイテム”の
着こなしをマスターしましょう。
可愛い着こなしが好きなら、存分に生かせばいい。
辛口が好きなら、ギャップ見せに使えばいい。
小柄だからこその魅力を際立たせてくれる
“得意なアイテム”を持つことは、
おしゃれの揺るぎない基盤となるはずです。

| | |
|---|---|
| TOPS | COHINA |
| BOTTOM | COHINA |
| EARRINGS | ENELSIA |
| NECKLACE | COHINA |
| RING | ENELSIA |
| BRACELET | ENELSIA |
| BAG | SIMON MILLER |
| SCARF | GU |
| SOCKS | KUTSUSHITAYA |
| SHOES | RANDA |

得意なアイテム

# 1

# 縦見えスカート

( ITEM **SKIRT** )

「小柄女子」だからこそ
日常映えする
さりげない
華やかさが
表現できる

ここが得意!
すとんとした
シルエットで
全身が縦長に
ここが得意!
小さな体の
ラインを
ぼかしてくれる
ここが得意!
小柄なら
やりすぎない
女性らしさが
表現できる

## 小柄ならではの女性らしさを表現できる

　縦長見えするスカートは、ほどよい華やかさで日常映えし、小柄の持ち前の魅力を生かせる大得意アイテム。

　まずおすすめはセミフレア。小柄なら面積小さめですっきり女性らしく着こなせます。Iラインも、セクシーさを小柄の可憐さがほどよく中和。自然な縦見えをねらうなら細プリーツを。

　広がりすぎないシルエットと体形をひろいすぎない素材を選ぶ、というポイントを押さえれば、小柄を最強に輝かせてくれます！

# 「縦見えスカート」BEST 3

失敗しない選び方

BEST ①

## セミフレア スカート

**POINT**

☑ ウエスト前面はゴムなしですっきりデザイン

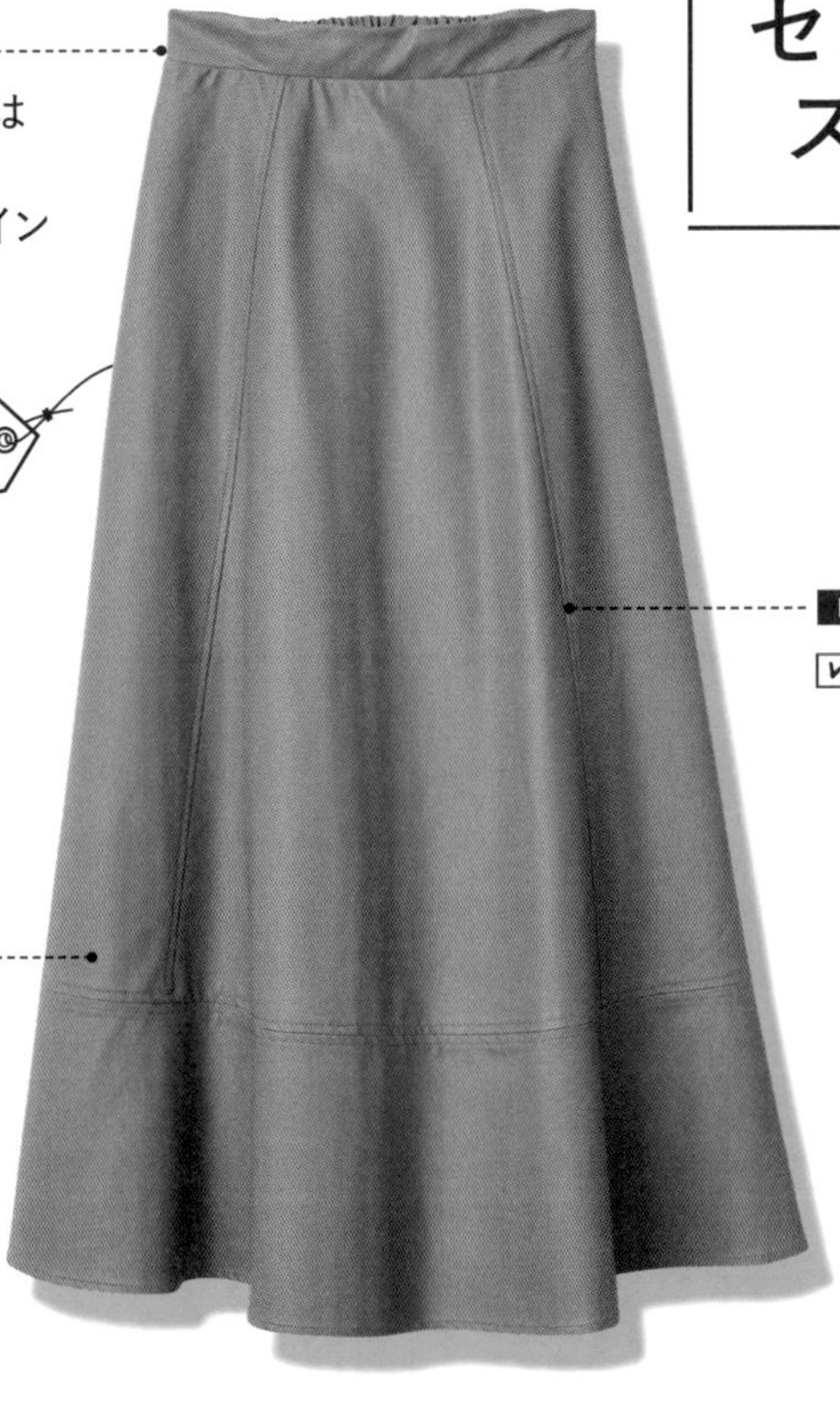

COHINA

**POINT**

☑ ステッチ、並べたボタンなど縦を強調する装飾があるとベスト

**POINT**

☑ 裾に向かって控えめに広がるシルエットと素材

## 広がりすぎないシルエットと縦長感、ディテールを味方に

小柄さんがまず味方につけたいのは、セミフレアスカート。少女見えするたっぷりフレアより、上品な女性らしさを引き立ててくれるアイテムです。

広がりすぎない素材の、ミディより長め丈のセミフレアを選べば、下半身をカバーし、上半身とのメリハリもつくれます。

トップスをコンパクトにするかウエストインすれば、それだけでオンオフ問わず好印象な小柄の最強コーデが完成！

＼発表！／
# 小柄女子が輝く

帽子で
視線を上へ

帽子&コンパクトトップスで「Xライン」に

兼島彩香さん
149cm

シアーシャツで
女性らしさを
前面に出す

ふんわりシャツで気になるウエストまわりもカバー

| | |
|---|---|
| SKIRT | COHINA |
| TOPS | COHINA |
| HAT | COHINA |
| EARRINGS | Danae∴ |
| BRACELET | florist |
| BAG | BURNER |
| SHOES | GU |

| | |
|---|---|
| SKIRT | COHINA |
| TOPS | COHINA |
| EARCUFF | GU |
| BAG | AULENTTI |
| SHOES | MANOLO BLAHNIK |

BEST ②

# Iライン スカート

失敗しない選び方

POINT

☑ 幅広めのウエストベルトで腰張りやおなかまわりをカモフラージュ

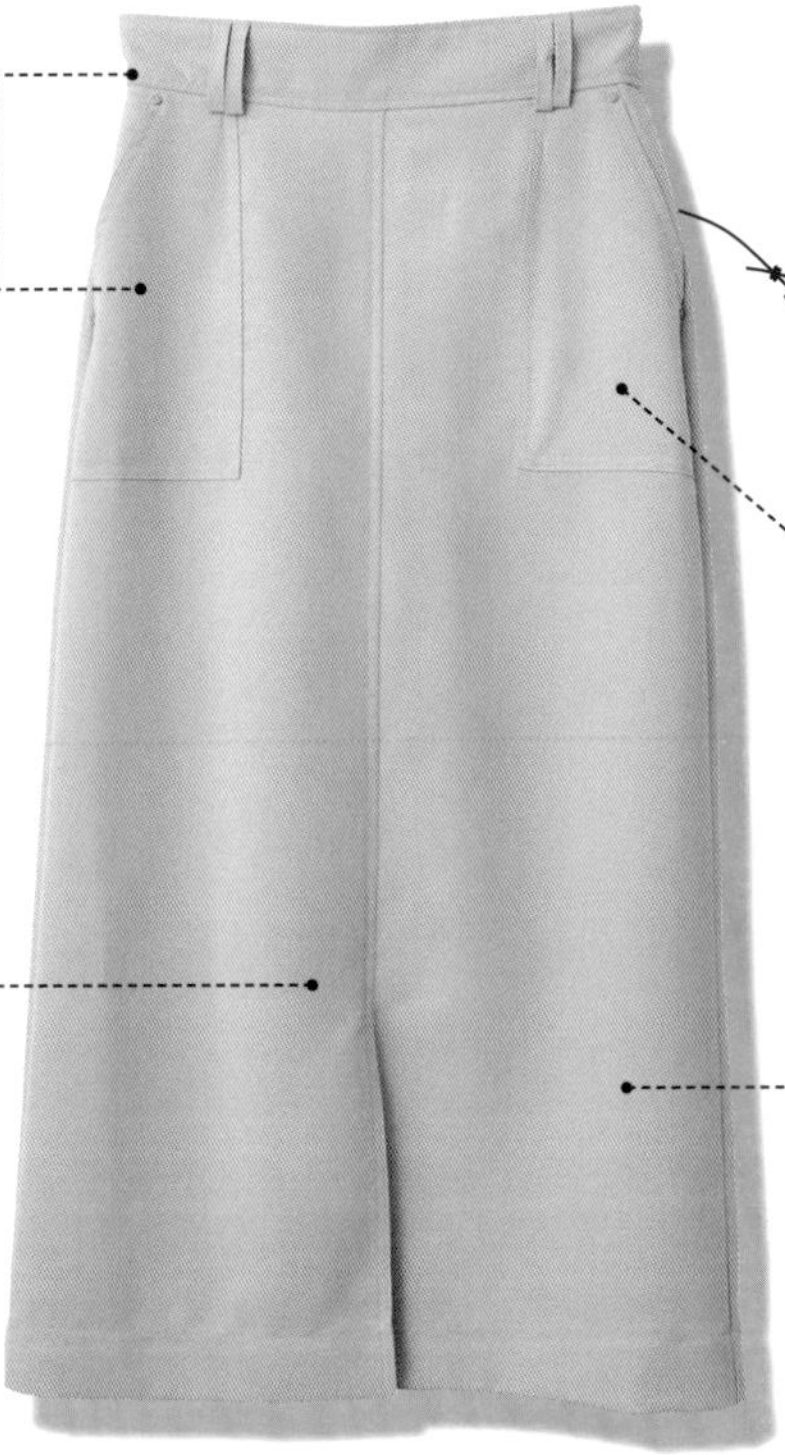

COHINA

POINT

☑ 体形をひろいすぎないストンと落ちる縦長シルエットやハリ素材

POINT

☑ 女性らしく縦長感の出るセンタースリットがあると◎

POINT

☑ 女性らしさを引き立てるほどよいツヤ感

## 体のラインが出ない適度なゆとりのあるIラインが正解

細長い長方形のシルエットをつくれるやや長め丈のIラインスカートは、小柄女子との相性抜群。色っぽさやきれいめ感を小柄の可愛さが中和し、ちょうどいい女性らしさに。

ただし、ボディラインが出すぎると小柄が強調されるので、タイトではなくIラインやナロースカートくらいの、ハリキリすぎないデザインがおすすめです。

ウエストもヒップもすっきり見せるトラッドスタイル

ジレを合わせ
上半身から
縦長を強調

| | |
|---|---|
| SKIRT | COHINA |
| GILET | COHINA |
| TOPS | GALLARDAGALANTE |
| HAT | Casselini |
| EARRINGS | Danae∴ |
| NECKLACE | Lattice |
| RING | GU |
| BAG | TOPKAPI |
| SOCKS | KUTSUSHITAYA |
| SHOES | H&M |

ボリュームトップスで重心高く縦長に

同系色の靴で
つなげて
脚長に見せる

あわつまいさん
153cm

| | |
|---|---|
| SKIRT | COHINA |
| TOPS | COHINA |
| EARCUFF | GU |
| RING | ENELSIA |
| BAG | COHINA |
| SHOES | RANDA |

BEST 3

# 細プリーツスカート

失敗しない選び方

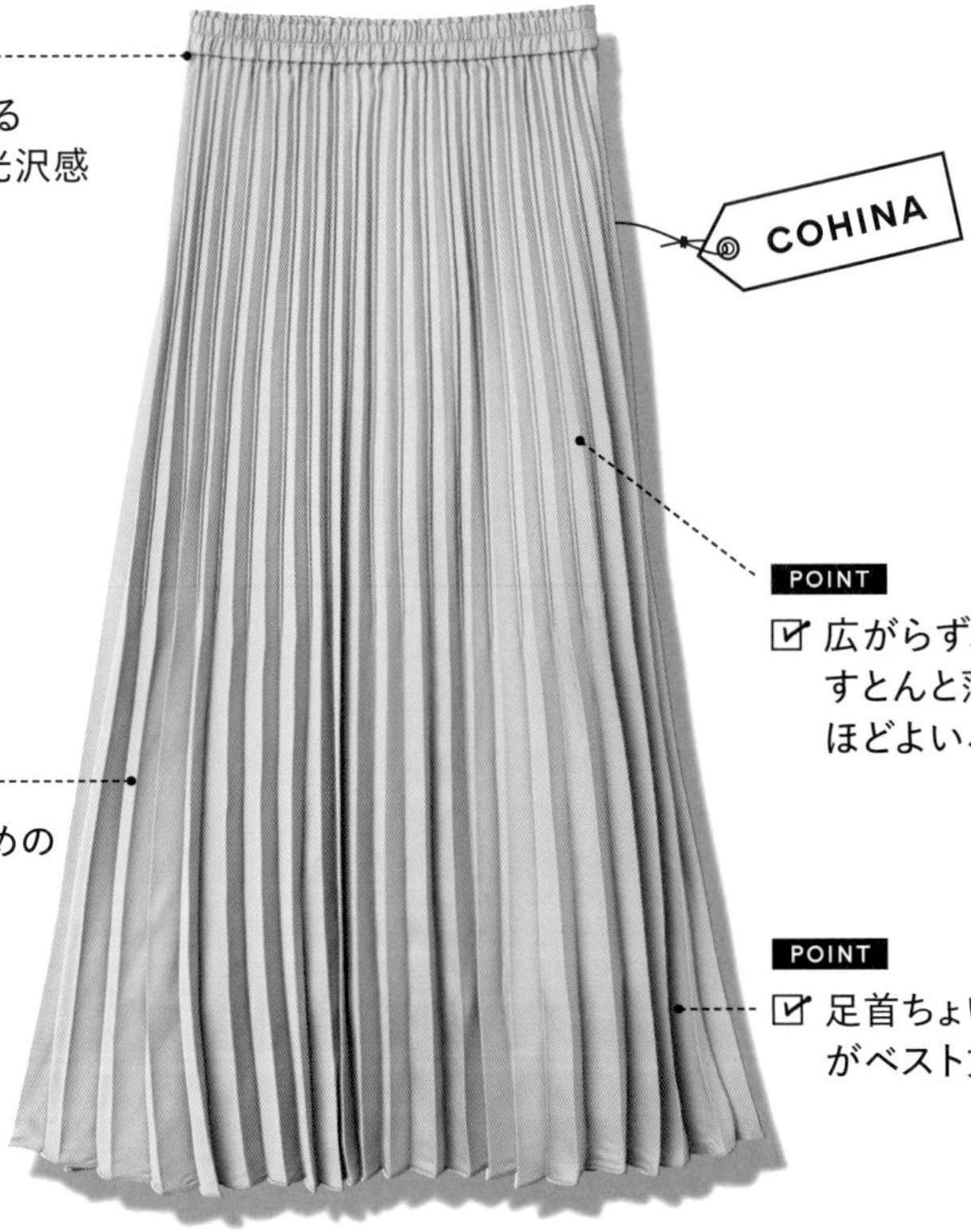


POINT
☑ 大人に見せるさりげない光沢感

POINT
☑ 広がらず、すとんと落ちるほどよいハリ感

POINT
☑ 細め・やや浅めのプリーツ

POINT
☑ 足首ちょい見えがベスト丈

## 着るだけで縦長感が強調できる魔法のスカート

全小柄女子に持っていてほしいくらいおすすめなのが細プリーツスカート。縦のひだが全身をスラッと見せてくれ、カジュアル合わせでも大人っぽさを担保できます。

ポイントは腰まわりのラインをひろわずストレートに落ちる素材、広がりすぎない幅のプリーツを選ぶこと。サテンやエコレザーなど光沢感のある素材なら子ども見えも回避できます。

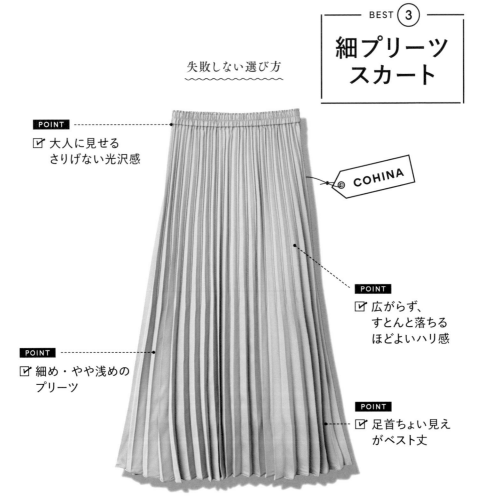

ショート丈の
ブルゾン合わせで
腰高に見せる

ブルゾンとも好相性。大人カジュアルに決まる

メンズライクな
ジャケットも
グッドバランスに

きれいめ素材ならお仕事にもぴったり

| | |
|---|---|
| SKIRT | COHINA |
| OUTER | STRATA |
| TOPS | Hanes |
| CAP | New Era |
| EARRINGS | GU |
| RING | Biju mam |
| BAG | ESLOW |
| SHOES | New Balance |

| | |
|---|---|
| SKIRT | COHINA |
| JACKET | COHINA |
| TOPS | NANO universe |
| EARRINGS | Three Four Time |
| NECKLACE | COHINA |
| BAG | CELINE |
| SHOES | W&M |

# 「小柄女子」の スカート丈 ＋ 靴 組み合わせ鉄板ルール

RULE 1

### ミニ丈には ロングブーツ

幼くなりがちなミニには、肌見せ面積を抑え、カッコよさも出せるロングブーツがベスト。タイツ＋ショートブーツやスニーカーでも。

BOTTOM GU
SHOES COHINA

## 丈によって選ぶべきバランスが変わります！ 基本を押さえて応用を

小柄女子が得意とするスカートを、より自信を持って着こなすには、靴選びも重要。丈別に基本の組み合わせを覚えておくと便利です。

ミニ丈は肌見せしすぎると子どもっぽくなるのでロングブーツかタイツはマスト。ふくらはぎが張って見えがちなミモレ丈はやや高めヒールでスラッと女性らしく。ロング丈は重くなりすぎないよう足首や甲を見せて抜けをつくる。マキシ丈は厚底で引きずりを防止しつつこなれ感も演出。

RULE 4

## マキシ丈には
## 厚底スニーカー

あえてボリュームのある厚底で足元を重めにつくり、縦長シルエットを強調。ハイテク系やダッド系でハズすと今どきシルエット。

BOTTOM　STRATA
SHOES　ORTR

RULE 3

## ロング丈には
## 甲見せフラット

重心が下がる分、少しでも肌が見えるよう甲浅タイプのローヒールで抜けを出す。甲が隠れてしまうと重たい印象になるので注意して。

BOTTOM　COHINA
SHOES　Odette e Odile for COHINA

RULE 2

## ミモレ丈には
## 7㎝ヒール

ふくらはぎを強調しがちなミモレ丈には、スラッと見える5〜7㎝ヒールを。脚を分断しないシンプルで同系色のものがベスト。

BOTTOM　COHINA
SHOES　RANDA

# Q1.スタイル悪く見えがちなスカート…でもはきたい！

## A1.デザイン・素材別にポイントを押さえればいけます！

コヒナーさんと考えた!

# 体形カバーA

ANSWER

### マーメイド

切りかえはひざ上からがベター。ウエストまわりにアクセントとなるデザインがあると重心が上がり、着こなしやすい。

### ティアード

切りかえが斜めになっているとすっきりと見えてグッド。段が多すぎると着負けしてしまうので2〜3段が◎。

### 柄スカート

花柄なら小花柄にするなど柄が小さいものを選ぶこと。チェックはコントラストが強い配色は避けましょう。

### ニット素材

細リブやプリーツタイプで、ピタッと体にはりつかない、ほどよいゆとりのあるシルエットがベター。

### コーデュロイ素材

細うねのIラインシルエットなら子どもっぽくならず、大人めに着こなせる。太うねはカジュアルになりがち。

重心が下がらないようスカーフで視線上げ

MOEさん
150cm

TIERED SKIRT

MERMAID SKIRT

## A1.COHINAのスカートならバランスが完璧！

「お直しがむずかしいマーメイドスカートもぴったりで、スタイルアップできます」（ろこちゃんさん／143cm）「マーメイドは、まさに神！」（いえろうさん／151cm）「ぴったりサイズに毎回感動。ランダムティアードは可愛くて大好き！」（あしゅママさん／145cm）

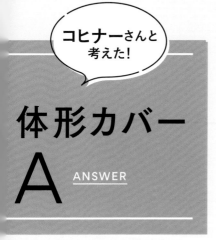

# 小柄女子の**スカート**で

QUESTION

# Q

## Q2. ウエストインが苦手！

ショート丈カーデ
ならすっきりと
見えますよ

HARUKAさん
147cm

### A2. ジャケットやカーデ、ジレを重ねれば解決

「カットソーやシャツをウエストインした上にジャケットなどの羽織り物を重ねると、メリハリがついてスタイルアップ。インしないなら、ショート丈トップスを。おなかをふんわりカバーできます」(AYAKO)

## Q3. 脚が太い！短い！

### A3. ウエスト高めのセミフレアなら、両方カバー！

「おしりから太ももの肉づきを隠すには最適です」(みるぽてさん／150㎝)

## Q4. 大人のミニスカの着こなしは？

黒で統一し
ロングブーツ＋
タイツで脚長に

SAORIさん
154cm

### A4. 甘めポイントをひとつにしぼる

「小柄女子には似合いすぎるからこそ、全身甘めにならないように引き算して。アクセやメイクをクールにするなど大人感を出すことも忘れずに」(AYAKO)

得意なアイテム

# 2

# 「上半身のくび」強調トップス

( ITEM **TOPS** )

首・手首・
くびれを
強調したデザインで
女性らしさをアピール

ここが得意!
小柄なら
セクシーに
なりすぎない
ここが得意!
腰位置高め
ボトム合わせで
くびれを自然に
強調
ここが得意!
小柄ならではの
きゃしゃな
ポイントを
強調できる

## 可愛らしさ、きゃしゃ感を味方につける

親しみやすさを感じてもらいやすいのは、小柄の大きな特権だと私は思っています。小柄なら誰でも持つその可憐な印象をあと押ししてくれるのが「上半身のくび」、つまり首まわり、手首、ウエストのくびれを強調したトップスです。鎖骨が見える、手首が出るかしぼられている、ウエストがフィットしているか丈が短い。どれかにあてはまるものを選んで。とろみ素材も「上半身のくび」が自然と細く見えるのでおすすめ。

＼発表！／

# 小柄女子が輝く「上半身のくびれ」強調トップスBEST3

## BEST 1
## ペプラム

失敗しない選び方

POINT

☑ ふんわりシルエットで腰まわりをカバー

POINT

☑ 高め位置の切りかえでくびれを強調

### きゅっとしぼる、さりげなく見せる。細い部分を強調し、自然にスタイルアップ

きゃしゃなデコルテ、手首をアピールするデザインは鉄板。くびれを際立たせるペプラムトップスもとり入れたいアイテム。

落ち感のあるやわらかな素材は体のラインをぼかし、上品な印象にも。上質なブラウスが1枚あると重宝しますよ。

| | |
|---|---|
| TOPS | COHINA |
| BOTTOM | BEAUTY&YOUTH |
| EARRINGS | mimi33 |
| NECKLACE | Jouete |
| BAG | VIS |
| SHOES | LE TALON |

BEST 3

## ボートネック

POINT

☑ 露出控えめで鎖骨と首まわりを品よく演出

POINT

☑ たぽっと袖なら手首もきゃしゃ見え

| | |
|---|---|
| TOPS | COHINA |
| BOTTOM | COHINA |
| HAT | COHINA |
| NECKLACE | Lattice |
| RING | GU |
| BRACELET | ENELSIA |
| BAG | RANDA |
| SHOES | COHINA |

BEST 2

## とろみ素材

POINT

☑ とろみ素材なら体形をふんわりカバー

POINT

☑ 襟元すっきりのバンドカラーで首を細く長く見せる

| | |
|---|---|
| TOPS | COHINA |
| BOTTOM | Mila Owen |
| EARCUFF | ENELSIA |
| BAG | CHARLES & KEITH |
| SHOES | GU |

# 襟抜き の方法をレクチャー

紹介します。ほどよく着くずすことで、洗練された大人っぽさも担保できます。

( HOW TO )

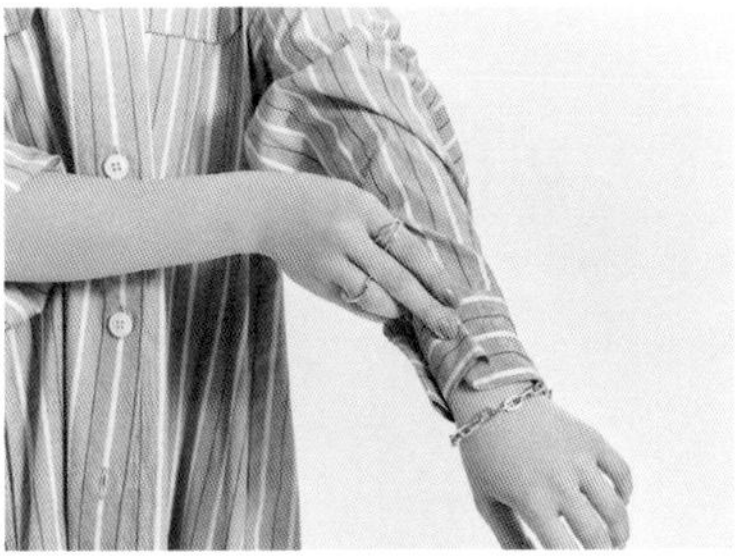

カフス部分を手首にピタッと合わせ、余った部分を重ねる。

▼

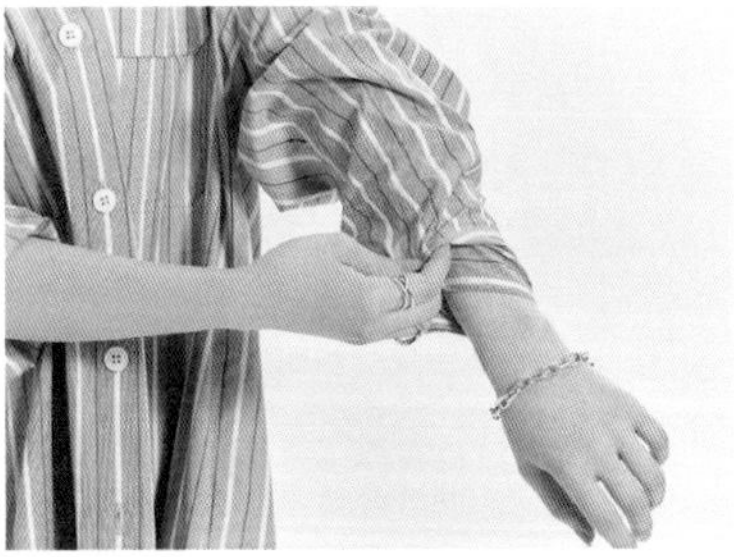

重ねた部分を内側にしっかり折り込みながら、袖をまくり上げる。

▼

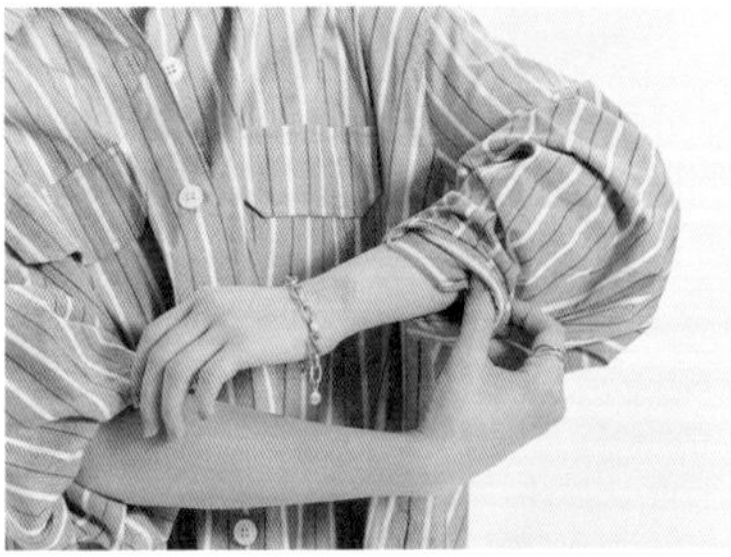

カフス全体を内側に折り込めば、ずり落ちてこない。

LECTURE 1

## 手首強調に欠かせない 袖まくり

袖が長い問題解決と、ほっそり手首見せをかなえる定番こなれテク。

# きゃしゃに見える!! そでまくり トップスIN

首、手首、くびれの細さを際立たせる「きゃしゃ見え」着こなしテクを

## LECTURE 2

## くびれ強調に欠かせない トップスIN

隠すより、ウエストを見せたほうが、
メリハリが出る。

( HOW TO )

両腕を上げておろすと適度なたるみができる。鏡で見ながら調整を。

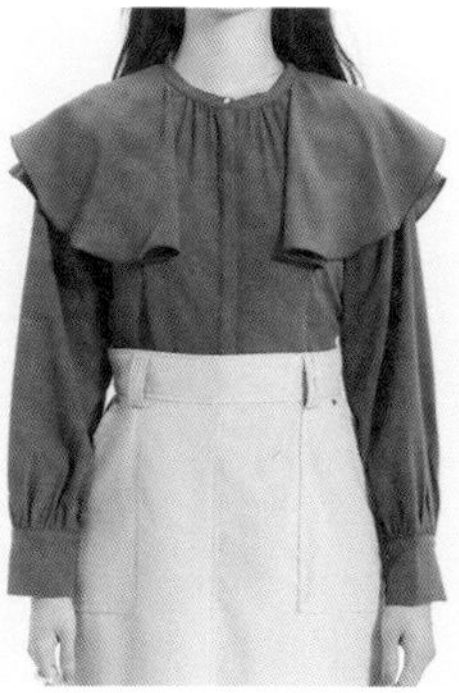

たるみがないようトップスをしっかりとボトムの中にイン。

## LECTURE 3

## 鎖骨見せ、抜けづくりに 襟抜き

リラックス感のある着こなしになり、
デコルテもすっきり見える。

第二ボタンまではずし、自然に襟を開く。襟の後ろの中央を指で持ちながら、逆の手で裾を少しずつ引っぱる。

こぶしひとつ分
あけるイメージ

インナーが
チラ見えするくらいがいい

# 「コンパクトカーディガン」は小柄女子のための万能アイテム

小柄女子に持っていてほしいのが、ハイゲージで丈短めの長袖カーディガン。COHINAでも鉄板アイテムです。人気の理由は、1枚で着れば腰高かつきちんと見えるから。羽織ったり肩かけすると、重心が上にきてスタイルアップが可能。肩かけや羽織りで流行カラーをとり入れるのもおすすめ。1枚ワードローブに加えれば、アレンジ自在で着こなしの幅が広がりますよ。

| | |
|---|---|
| CARDIGAN | COHINA |
| ONE-PIECE | COHINA |
| TOPS | CELFORD |
| HEADBAND | H&M |
| EARRINGS | GU |
| RING | GU、ENELSIA |
| BAG | LOEWE |
| SHOES | LE TALON |

## 肩かけ して
## 縦ラインと立体感を出す

肩からかければ、それだけで重心が上にきてすっきりと見えます。差し色として使うのもおすすめ。

| | |
|---|---|
| CARDIGAN | COHINA |
| TOPS | UNIQLO |
| BOTTOM | COHINA |
| NECKLACE | H&M |
| BAG | ZARA |
| SHOES | H&M |

## トップス として
## 1枚で着れば腰高に

縦に並ぶボタンがほっそりと見えるポイントに。裾のリブでメリハリがつき、ワイドパンツとも合わせやすい。

| | |
|---|---|
| CARDIGAN | COHINA |
| BOTTOM | Levi's® |
| BAG | SIMON MILLER |
| SHOES | RANDA |

# 「苦手めトップス」も 得意に変える選び方

小柄だと着負けしたり、子どもっぽく見えたりしがちなタイプのトップスも、
「上半身のくび」強調トップスの選び方を応用すれば、ぐっときれいに着こなせます。

着ぶくれしちゃう

## ニット

- ☑ なるべくハイゲージ
- ☑ 着丈 50㎝前後
- ☑ 細めリブ

ハイゲージのコンパクトニットなら着ぶくれの心配はありません。ローゲージなら手首や鎖骨を見せて抜け感を出して。Vネックは肩幅広めさんにもおすすめです。

首が埋もれがち

## タートルネック

- ☑ 幅広ボトルネック
- ☑ 抜け感の出る
  シアー素材も◎

折り返すタイプではなく少し高さがある幅広めのボトルネックで抜けを出すと着負けしません。シアー素材やレースなどの軽い素材もおすすめ。

ご近所着に見えがち

## カットソー

☑ シアー・光沢素材

☑ パフンとした袖

カジュアルすぎず、どこかに女性らしいディテールをとり入れるとふだん着見えしません。ギャザーやタック入りなど、ブラウス感覚で着られるものを選ぶと小柄の魅力が引き立ちます。

ボリュームが出すぎる

## ボリューム袖

☑ 首まわりはすっきり

☑ 手首はキュッ

肩からではなく、袖だけにややボリュームがあり、手首がすぼまったタイプなら着負けしません。袖がふんわりする分、スクエアネックやモックネックで、首元をすっきりさせて。

重たく見える

## 黒トップス

☑ 襟、袖、裾から白をチラ見せ

重たく見えるのが心配という声をよく聞きます。解決策は簡単。インナーを白にし、襟や袖からチラリとのぞかせるだけで、軽やかさが生まれます。全面黒ではなく、白いボタンやラインが入っているものもいいですね。

コヒナーさんと
考えた!

# 体形カバー

# A

ANSWER

## Q1. 肩がガンダム!

## A1. きゃしゃな鎖骨を見せて ガッチリ肩をカモフラージュ

「胸元があいているすっきりデザインで抜けを出しています。手首を出すのも効果的」(みささん/151㎝)「落ち感のあるドロップショルダーも似合います」(AYAKO)

やわらか素材の
ジャケットで
自然にカバー

HONAMIさん
151cm

## Q2. 二の腕太め

## A2. フレアスリーブで 余白を出すか ノースリで潔く 見せてしまうか

「ボリュームのあるパワショルやパフスリで、太さをカモフラ。中途半端に隠すなら思い切って出すのも正解」(AYAKO)

ぽわん袖が
ボリュームアップ
してくれます

HITOMIさん
150cm

## Q3. なで肩です!

## A3. ぽわん袖が 強い味方!!

「ボリューム袖を選べばOK」(asamiさん/147㎝)「ぽわん袖でボリューミーに見せる」(k.kさん/151㎝)「ローゲージのオーバーサイズをゆるっと着ると可愛くごまかせる」(Suikoさん/150㎝)

# 小柄女子の**トップス**で

# Q

QUESTION

## Q4. 腕が細すぎ

## A4. 夏も長袖のシアーシャツ！

「半袖を着るときゃしゃさが目立つので、季節問わず長袖。夏はシアー素材を選べば涼しげで、体のラインもぼかせます」（れいなさん／149㎝）

## Q5. バストが大きめ

## A5. 素材とデザインで視線をそらす

「浅めのVネックやスクエアネックで胸元はすっきりさせ、フレアスリーブ、ウエストマークなどバスト以外にデザインのポイントがあるものを選び、視線をそらして。タック入りのふんわりブラウスも胸の大きさを強調せず、可愛い印象をキープできます。肉感をひろう生地は避けましょう」（田中）

## Q6. おなかがポッコリ

## A6. 裾リブでくびれをつくる

「スエットやニットは裾がリブ仕様になっていると、おなかと重なりシャープに見えます。カーディガンを腰に巻きつけて、ポッコリをぼかすのも手」（AYAKO）

## Q7. 肩や胸が薄い

## A7. 出すより隠してボリュームアップ

「襟に特徴的なデザインのあるものを選びます」（かなさん／153㎝）「首元がつまっている服をセレクト。開いているデザインなら、鎖骨にハイライトを仕込み、分厚い下着で補正」（こたこさん／148㎝）

胸元デザインがきゃしゃさをカバーしてくれる

YUNAさん
148cm

得意なアイテム

# 3

# ハンサムパンツ

( ITEM **PANTS** )

## 小柄女子だからこそ「キリッとしているのにやわらかい」好印象スタイルがかなう

ここが得意！
ハンサムだけど
女性らしく見える
ここが得意！
威圧感なく
きちんと感が
出せる
ここが得意！
顔から遠い分
カラーも
とり入れやすい

## カッコいいのにやりすぎないギャップがいい

「パンツは苦手」と敬遠している小柄さん、もったいない！　実は小柄にとって、パンツは〝得意アイテム〟のひとつ。小柄だからこそ、やりすぎないキリッと感が出せ、ギャップ見せにも最適。

選びのコツは、きちんと見えする素材とデザイン。「仕事に着ていける」くらいのハンサム感が正解。小柄のやわらかさにカッコよさが加われば、無敵！

ハイウエストを選ぶのもコツ。１４８㎝の私は、股下62㎝以下を選んでいます。

# 「ハンサムパンツ」BEST3

石塚かえでさん
153cm

BEST 1

## タック入り テーパード パンツ

### かたいお仕事着になりすぎない やわらかさのある着こなしに

腰から太ももまわりにゆとりがあり、裾がややすぼまったテーパードパンツは、脚のラインをひろわず、脚長に見える小柄の最強パンツ。タック入りなら気になる腰幅をカバー。パンツ苦手さんにこそおすすめ。

失敗しない選び方

POINT
- タック入りで腰張りをカバー

POINT
- 体形をひろいすぎないややハリ素材&ゆとり

POINT
- ももまわりから裾にかけて細くなるシルエット

| | |
|---|---|
| BOTTOM | STRATA |
| TOPS | COHINA |
| EARRINGS | anapnoe |
| BAG | ZARA |
| SHOES | Odette e Odile for COHINA |

＼発表！／

# 小柄女子が輝く

## ジャケット感覚でジレを羽織ればこなれ感アップ

メンズライクにしても少年ぽくならない

ボーダーを大人カジュアルに格上げ

| | |
|---|---|
| BOTTOM | STRATA |
| GILET | TODAYFUL |
| TOPS | H&M |
| EYEWEAR | JINS |
| BRACELET | florist |
| BAG | NATURAL BEAUTY BASIC |
| SHOES | H&M |

## 上品な濃淡コーデでやせ見え

細ベルトでウエスト位置を高く見せて

ポインテッドトゥでさらにキリッと

| | |
|---|---|
| BOTTOM | STRATA |
| TOPS | UNIQLO |
| NECKLACE | H&M |
| BELT | STRATA |
| BAG | ZARA |
| SHOES | MANOLO BLAHNIK |

BEST ②

# センタープレス入りクロップドパンツ

失敗しない選び方

POINT
- やや厚みのある素材で体形カバー

POINT
- センタープレスで脚長効果増大

POINT
- 足首見せ丈でさわやかな印象に

## 短め丈で抜け感を出し、センタープレスでスラッと見せ

足首が見える丈で軽やかな印象のクロップドパンツも小柄が頼れる1着。おすすめはやや厚みのあるきれいめ素材。お仕事にもカジュアルにもアレンジ自在です。センタープレスなら脚長効果も絶大！

| | |
|---|---|
| BOTTOM | COHINA |
| TOPS | COHINA |
| EARRINGS | Three Four Time |
| BAG | COHINA |
| SHOES | LE TALON |

ラクなのにサマになる大人カジュアル

シャツを羽織って
抜け感を出し
Iラインを主張

インナーは
キャミで
女性らしさを+

| | |
|---|---|
| BOTTOM | COHINA |
| SHIRT | STRATA |
| TOPS | ETRÉ TOKYO |
| WATCH | COACH |
| BAG | VASIC |
| SHOES | Odette e Odile for COHINA |

黒とシルバー小物の投入でクールなオフィススタイル

ネックレスで
縦ラインを強調

小物は黒で統一

| | |
|---|---|
| BOTTOM | COHINA |
| TOPS | ZARA |
| NECKLACE | GU |
| BRACELET | Tiffany & Co. |
| BAG | Olu. |
| SHOES | GU |

BEST 3

# ツヤ素材のワイドパンツ

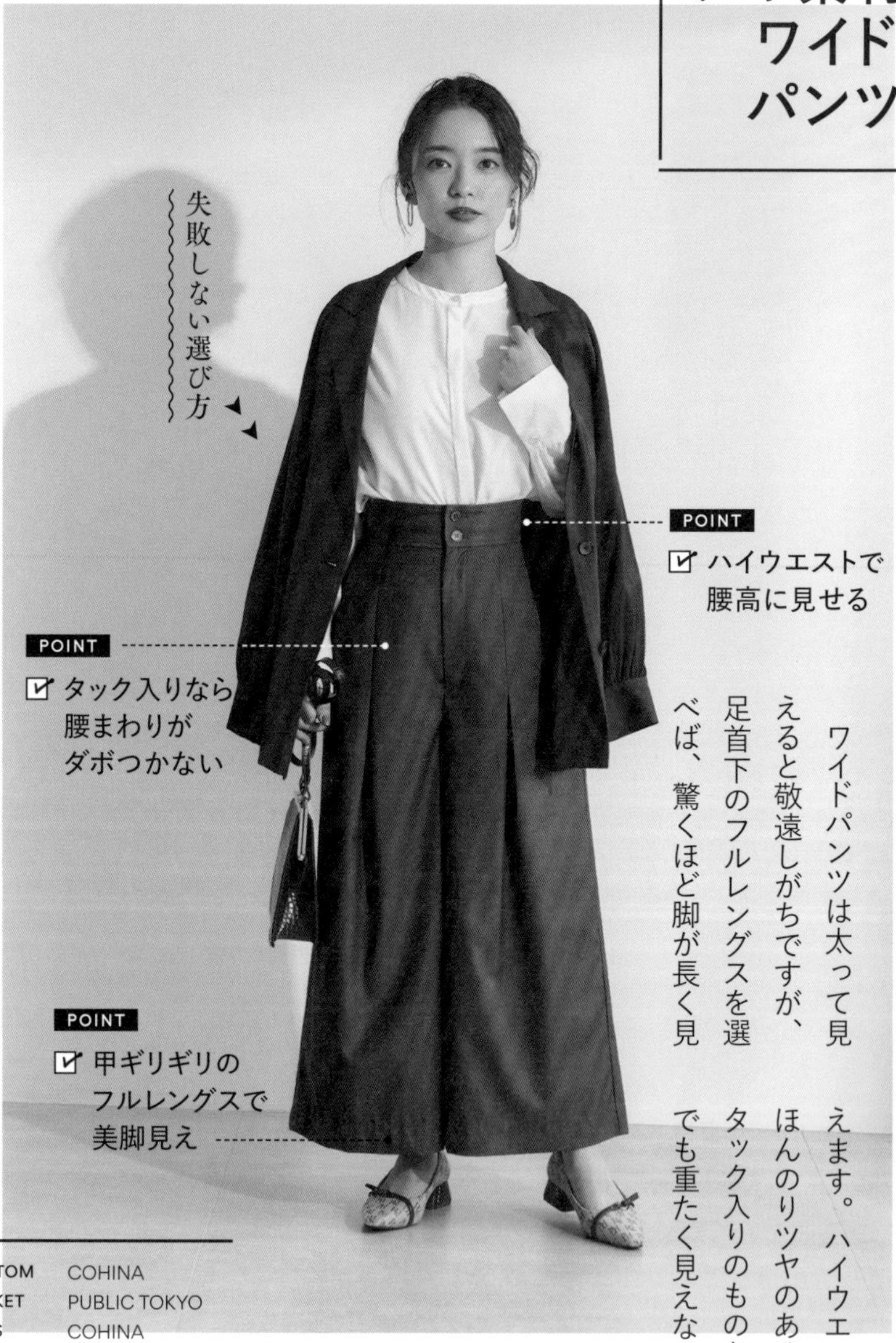

失敗しない選び方

POINT

☑ ハイウエストで腰高に見せる

POINT

☑ タック入りなら腰まわりがダボつかない

POINT

☑ 甲ギリギリのフルレングスで美脚見え

## ツヤ素材&ハイウエストで小柄を感じさせない脚長に

ワイドパンツは太って見えると敬遠しがちですが、足首下のフルレングスを選べば、驚くほど脚が長く見えます。ハイウエストで、ほんのりツヤのある素材、タック入りのものなら小柄でも重たく見えない！

| | |
|---|---|
| BOTTOM | COHINA |
| JACKET | PUBLIC TOKYO |
| TOPS | COHINA |
| EARRINGS | Three Four Time |
| BAG | Danae∴ |
| SHOES | RANDA |

ベストをアウトしても深めVならバランス◎

黒キャスケットで視線を上に

深めのV開きですっきり見せる

| | |
|---|---|
| BOTTOM | COHINA |
| VEST | STRATA |
| TOPS | UNIQLO |
| HAT | Casselini |
| NECKLACE | ADER.bijoux |
| BAG | JIL SANDER |
| SHOES | Odette e Odile for COHINA |

とろみブラウスをINしてスラッと縦見え

やわらかトップスで抜け感を

小物は同系色でそろえる

| | |
|---|---|
| BOTTOM | COHINA |
| TOPS | TONAL |
| NECKLACE | Jouete |
| BAG | VIS |
| SHOES | COHINA |

## Q1. 腰、おしりのボリュームがハンパない

### A1. ビッグポケットで視線をそらす

「腰まわりに大きめなポケットがあるとカモフラージュしやすい。ロングカーデやジャケットを羽織って隠すのも手」(AYAKO)「腰まわりにゆとりがあるテーパードは、ごまかしやすいですよ」(みなさん/153㎝)

腰高切りかえのサロペットなら気にならない

KIHOさん
153cm

コヒナーさんと考えた!

# 体形カバー A

ANSWER

## Q3. カラーや柄をとり入れるなら?

### A3. 淡めのくすみ色が最適

「パンツは顔から遠いので色ものも挑戦しやすいアイテム。淡いくすみ色は着こなしやすいですよ。暗めの小物をとり入れたり、靴をトップスと合わせるとまとめやすい。チェック柄はセットアップもおすすめ! 小柄ならマニッシュスタイルを楽しめます」(AYAKO)

## Q2. 脚が太い! 短い!

### A2. ハリ素材ですとん見え

「ツヤやハリのある素材のワイドパンツなら、体形をひろわず、スラッと脚長に」(AYAKO)「ふんわりトップスで下半身のムチッとさをカバー」(ちなみさん/149㎝)

## Q4. 太ももの張りが気になる

隠すよりは出す。
ショート丈の
カーデがお役立ち

## A4. ショート丈トップス×ストレートパンツでメリハリのある脚長見え

「ショート丈のトップスを合わせれば重心が高めになり、太ももの張りを自然にカバー。ストレートパンツなら脚の形をひろわずスラッと」(AYAKO)

MANAMIさん
145cm

小柄女子の
パンツで
QUESTION
Q

## Q5. おすすめタイプ以外のパンツの着こなし方は?

前スリットは
縦の抜けで
脚長効果抜群!

## A5. どこかに縦長を感じられる要素が入っていると安心

「ワーク系のベイカーパンツは、センタープレスが入っているとカジュアルすぎず大人っぽくはけます。落ち感のあるプリーツパンツも、ラクちんでスタイルアップできて小柄女子にぴったり。カラーパンツも下半身が軽やかに見えて意外と似合うんです」(AYAKO)

MIKIさん
152cm

得意なアイテム

# 4

# 微糖ワンピース

( ITEM **ONE-PIECE** )

甘すぎず辛すぎずの
「微糖ワンピ」なら
小柄の
可愛さを存分に
発揮できる

ここが得意!
ウエストマーク
できると
さらに
バランスアップ
ここが得意!
甘すぎず
辛すぎずの
バランスがいい!
ここが得意!
ボタン・ポケット
などのディテールは
「小さめ」で
より女性らしく
ここが得意!
落ち感素材や
縦デザインなら
フィットしやすい

## こびない甘さがちょうどよくマッチする

女性らしい体形の小柄女子とワンピースはベストマッチ。サイズ感がむずかしいアイテムですが、やわらかめの素材やとろみ素材なら、着られてる感が出ません。ぴったりサイズで着たいなら、ウエスト位置もディテールも小柄さん仕様のCOHINAのワンピースがおすすめです!

小柄なら布の面積が小さい分、派手な色や柄もすんなりなじむので、ときには冒険してみて。

失敗しない選び方

# 「微糖ワンピース」BEST4

## BEST ② フレア黒ワンピ

POINT
☑ 甘シルエットも
黒なら
ピリッと

POINT
☑ ゆれ感のある
シルエット

POINT
☑ ハリが強くない
やわらか素材

| | |
|---|---|
| ONE-PIECE | COHINA |
| CAP | BEAUTY&YOUTH |
| NECKLACE | ZARA |
| RING | Biju mam |
| BRACELET | Danae∴ |
| BAG | KOBE LETTUCE |
| SHOES | GU |

## BEST ① ベルトつきシャツワンピ

POINT
☑ V 開きになる
すっきりとした
襟

POINT
☑「上半身の
くび」見せで
きゃしゃに

POINT
☑ ウエスト
マークで
くびれを
強調

| | |
|---|---|
| ONE-PIECE | COHINA |
| BRACELET | Danae∴ |
| RING | ENELSIA |
| EARCUFF | Danae∴ |
| BAG | Isn't She? |
| SHOES | CONVERSE |

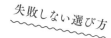

＼発表！／
# 小柄女子が輝く

## BEST 4
## 細ひもキャミワンピ

POINT
☑ きゃしゃな
細ストラップ

POINT
☑ パカパカしない
小さめ胸当て

POINT
☑ 少女すぎない
ややハリ素材

## BEST 3
## Iラインとろみワンピ

POINT
☑ 広がりすぎない
Iライン

POINT
☑ ウエストマーク
できるベルトつき

POINT
☑ とろみ
素材で
女性らしく

YUNAさん
148cm

| | |
|---|---|
| ONE-PIECE | COHINA |
| TOPS | H&M |
| NECKLACE | H&M |
| BRACELET | Tiffany & Co. |
| BAG | LOEWE |
| SHOES | RANDA |

| | |
|---|---|
| ONE-PIECE | COHINA |
| EARRINGS | GU |
| BAG | Isn't She? |
| SHOES | LOWRYS FARM |

# レイヤード」絶対法則

失敗しない選び方

## 花柄ワンピなら

### デニムに重ねて甘さをセーブ

1枚では可愛くなりすぎてしまうワンピースは、裾からデニムをのぞかせるとピリッと引き締まり調和がとれます。靴もつま先が丸すぎないものを選んで。

| | |
|---|---|
| ONE-PIECE | COHINA |
| BOTTOM | SNIDEL × Levi's® |
| EARRINGS | mimi33 |
| NECKLACE | 3COINS |
| BAG | KOBE LETTUCE |
| SHOES | Odette e Odile for COHINA |

## シャツワンピなら

### 中と濃淡をつけ奥行きを

新田ミオさん
152cm

羽織りとして活用。Iラインができるので、中のコーデが分断しないように同系濃淡でまとめると、大人っぽさを演出しつつ縦へのびる視覚効果が得られる。

| | |
|---|---|
| ONE-PIECE | COHINA |
| TOPS | UNIQLO |
| BOTTOM | THE SHINZONE |
| EYEWEAR | OWNDAYS |
| EARRINGS | Danae∴ |
| NECKLACE | TEN. |
| BAG | CIAOPANIC TYPY |
| SHOES | CONVERSE |

# 小柄女子の「ワンピ

## ノースリワンピ なら

### 薄手のタートルーNで上品に

直線的なデザインを選ぶのがポイント。肌の露出を抑えて、品のいい大人の可愛さを表現。薄手のトップスを入れるか、カーデを羽織るのがおすすめ。

| | |
|---|---|
| ONE-PIECE | COHINA |
| TOPS | GU |
| HEADBAND | Danae∴ |
| BRACELET | florist |
| BAG | NATURAL BEAUTY BASIC |
| SHOES | ROPÉ PICNIC |

## 黒ワンピ なら

### ジレを羽織って縦ラインを強調

黒のカッコよさを存分に生かし、ジレを羽織ってマニッシュな印象に。面積が小さい分、威圧感なく着られる。足元は黒ブーツを合わせて脚長効果もねらう。

| | |
|---|---|
| ONE-PIECE | COHINA |
| GILET | COHINA |
| EARRINGS | Danae∴ |
| NECKLACE | Lattice |
| BAG | TOPKAPI |
| SHOES | COHINA |

NGではないけれど…

# “森の妖精さん”に なりがち問題を解決

似合うからこそトゥーマッチになってしまうことも。
プラスするアイテムでテイストに調整を。

## 可愛すぎてしまう 妖精コーデ

やわらかカラーのみで ぼんやり……
ハマりすぎる かごバッグ
ぺたんこ靴で 幼い印象に

CHANGE

### なりたい印象の 小物などを投入して

全身〝可愛い〟でそろえるのは、幼い印象に。なりたいテイストの羽織物や靴を合わせて印象を変えるのがおすすめです。重ね着をすることで、立体感も出てスタイルアップ。

CHANGE

## スポーティに

ブルゾンで
甘さを抑える

小物は
カジュアルで
統一

CHANGE

## 大人可愛く

おしゃれ見えの
キャスケットを投入

大人っぽい
V ネックベストで
印象を
変えて

黒の
ロングブーツで
ハンサムに

| | |
|---|---|
| ONE-PIECE | COHINA |
| OUTER | STRATA |
| CAP | COHINA |
| BAG | COHINA × Manhattan Portage |
| SHOES | New Balance |

| | |
|---|---|
| ONE-PIECE | COHINA |
| VEST | STRATA |
| HAT | COHINA |
| BAG | H&M |
| SCARF | GU |
| SHOES | COHINA |

得意なアイテム

# 5

# ミニマルデザインのセットアップ&サロペット

( ITEM **MATCHING CLOTH & SALOPETTE** )

実は着るだけで
**都会的に**
こなれ見えし、
**大人めに**まとまる
小柄のベストフレンド

ここが得意!
きちんと感が出て
着回し力も
抜群!!
ここが得意!
1枚で
大人っぽさと
おしゃれが
かなう

## 着るだけで大人な縦長コーデが完成。時短もかなう

　私が強く推したいのがセットアップとサロペット。肩から足元までがつながり縦長感が出る、コーデに悩まない、今っぽいと、いいことしかないアイテムです。

　セットアップは上下で分ければ着回し力抜群。COHINAで最初に作ったのもセットアップでした。

　子どもっぽいと思われがちなサロペットは、ミニマルなデザインなら、実はスタイルよく見えますよ。

マンネリ解決①

## カッコよく

黒やパイソン柄などピリリと辛い小物を投入しハンサムな雰囲気に。

# “セットアップがマンネリする問題”を解決

大人っぽく縦見えし、簡単にキマるセットアップ。
ただ、着こなしがマンネリするのが悩みのタネ。
解決のカギは「小物」にあり。

太めのゴールドアクセ投入でキリッと
辛口小物をプラス


| | |
|---|---|
| SET UP | COHINA |
| HAT | Casselini |
| NECKLACE | H&M |
| BRACELET | Hh |
| BAG | A.P.C. |
| SHOES | COHINA |

### 小物のテイストだけでイメチェンが簡単に！

セットで着たいけどコーデがいつも同じになってしまう……という声も聞くセットアップ。着回しのカギは小物使い。小物の印象を統一しつつ、さまざまな方向性にふると、驚くほど簡単にイメージが変えられます。新しいテイストにトライするベースにも。

マンネリ解決 ②

## きれいめに

細身ニットのフェミニンさを生かして、きれいめ小物で統一。

きゃしゃアクセで
Iラインをつくる

同系色の
パンプスで脚長に
見せつつ品よく

| | |
|---|---|
| SET UP | COHINA |
| JACKET | ZARA |
| NECKLACE | COHINA |
| WATCH | CLUSE |
| BAG | COHINA |
| SHOES | RANDA |

マンネリ解決 ③

## カジュアルに

スポーティな小物で統一し、セットアップの大人感をほどよくくずす。

あえてキャップを
合わせてハズす

ハイテクスニーカーで
とことんカジュアルに

| | |
|---|---|
| SET UP | COHINA |
| CAP | BEAUTY&YOUTH |
| BAG | emmi |
| SHOES | PUMA |

# 「小柄女子に似合うサロペット」選び方ルール

素材や形によっては子どもっぽい印象に転んでしまうので、
大人っぽさを担保できるポイントを押さえておきましょう。

## 肩まわりが気になるなら

POINT

☑ 肩が隠れるくらいの幅を確保

## 大人見えしたいなら

POINT

☑ きゃしゃストラップ

POINT ☑

Vラインの開きで胸元をすっきり見せる

POINT

☑ 低め位置の小さな胸当て

POINT ☑

高めの切りかえで脚長に

POINT ☑

センタープレスでとことんIラインに

## ツヤあり縦落ち素材で大人っぽさと脚長を両立

ツヤ感がある素材を選ぶと大人っぽさがプラスされます。

重要なのは胸当ての大きさ。小ぶりでVカットになっているものや、深Vになっているものならすっきりと縦長に見え、女性らしさも感じられる着こなしに。

| | |
|---|---|
| OVERALL | COHINA |
| TOPS | UNITED ARROWS |
| HAT | COHINA |
| EARCUFF | GU |
| RING | CHANEL |
| BAG | H&M |
| SOCKS | UNIQLO |
| SHOES | GU |

# LESSON 2

“定番”のはずが、なぜかやぼったい……

# 小柄女子の「ベーシックアイテム」攻略法

次にマスターしたいのが、デニムや白T、ゆるシャツといった、
ベーシックアイテムの着こなし。
小柄女子は、定番アイテムが苦手な人が多いんですよね。
かくいう私もその一人。
地味になる、手抜きっぽくなる、着られてしまう……と
避けがちでした。
でも、編み出しました！　小柄女子ならではの攻略法を。
“苦手”を“得意”に変えて、
とことんおしゃれに着こなしましょう！

| | |
|---|---|
| TOPS | COHINA |
| BOTTOM | COHINA |
| EARRINGS | Mariko Tsuchiyama |
| EARCUFF | H&M |
| NECKLACE | H&M |
| BRACELET | Tiffany & Co. |
| BELT | LIM DESIGN |
| SHOES | Maison Margiela |

ベーシックアイテム

# 1

# デニム

( ITEM **DENIM** )

## ご近所着にならないカギは
## きれいめデニムを選ぶこと。
## ハリのある生地や
## ストレート感のある
## シルエットを

ここで攻略!
アクセや
ヘア&メイクで
女っぽさを投入
ここで攻略!
ハイウエスト
なら
縦見え
ここで攻略!
ヒップラインが
きれいに見える
シルエットを
選ぶ
ここで攻略!
厚手だけど
ストレッチの
効いた素材で
シュッと縦長に

## きれいめな形と素材、ヒップ合わせで驚くほど脚長に

小柄さんにおすすめなのが、セミワイドかフレアワイドなどのやや太めでストレートなシルエット。ハリのある生地ならストンと落ちて、脚が長く見えるのです。細めシルエット派はスキニーよりラインをひろわないシガレットを。厚地や濃いめ色を選ぶなど素材もきれいめを意識。サイズはヒップに合わせて。

意外と流行の移り変わりが早いので、定番は持ちつつ、流行りの1本も持っているとおしゃれ度がアップ。

# COHINAなら「私が輝く」デニムが必ず見つかる!!

## お直しいらずでぴったりがかなう！計算しつくされた小柄のためのデニム

デニムが大好きなのに、お直しをしなければはけない……そんな小柄女子たちのために作ったのがCOHINAデニム。

丈感やシルエットはもちろん、ウエストの位置、裾の幅、ポケットの大きさなど、ミリ単位で調整し、スタイルアップができる形を追求。XXSからMまでのこまかなサイズ展開に加え、丈もregularとshortの2パターンで作っています。

さらに、ブーツカットやテーパードなど、裾上げするとシルエットが変わってしまうデザインも、小柄サイズでご用意。体形と好みに合わせて、自分史上最高なデニムが見つかるはず！

「いろいろな形があってうれしい」「全部で8本持ってます」「ぴったりサイズは感動もの」とコヒナーさんからもうれしい声が日々届いています。私自身も10本以上持ってます！

**サイズ展開が豊富！**

**サイズ** XXS・XS・S・M

**丈** regular（長め）とshort（短め）

ウエスト・ヒップで選べるXXS～Mの4サイズ。148cmと153cmでは丈感が全く違うので、丈も2レングス。

AMIさん
155cm

カラー
セミワイド

Sサイズ
regular

KAEDEさん
153cm

ハイウエスト
フレア

XXSサイズ
regular

YUNAさん
148cm

フレアワイド

XSサイズ
regular

MIIさん
143cm

シガレット

XSサイズ
short

AYAKO
148cm

セミワイド
ストレート

XXSサイズ
regular

SAORIさん
154cm

ブーツカット

XSサイズ
regular

# COHINAでリアルに売れてる小柄女子の相棒デニム「究極の3タイプ」発表

POINT

☑ ちょうどいいハイウエストで腰高&小ぶりヒップに

POINT

☑ 脚がまっすぐに見えるほどよい太さ

BEST ①

## セミワイドストレート

### 体形カバー&脚長効果で苦手を克服できるきれいめデニム

これまで15種類以上発表してきたCOHINAデニム。特に人気なのがこの3種。きれいめな印象で子ども見えせず、脚が究極に長く見えるとリピーター多数！ デニム苦手さんはぜひお試しを。

BEST 2

## フレア<br>ワイド

POINT

☑ ウエスト高めで
脚長効果抜群

POINT

☑ ラフなシルエットで
こなれ感アップ

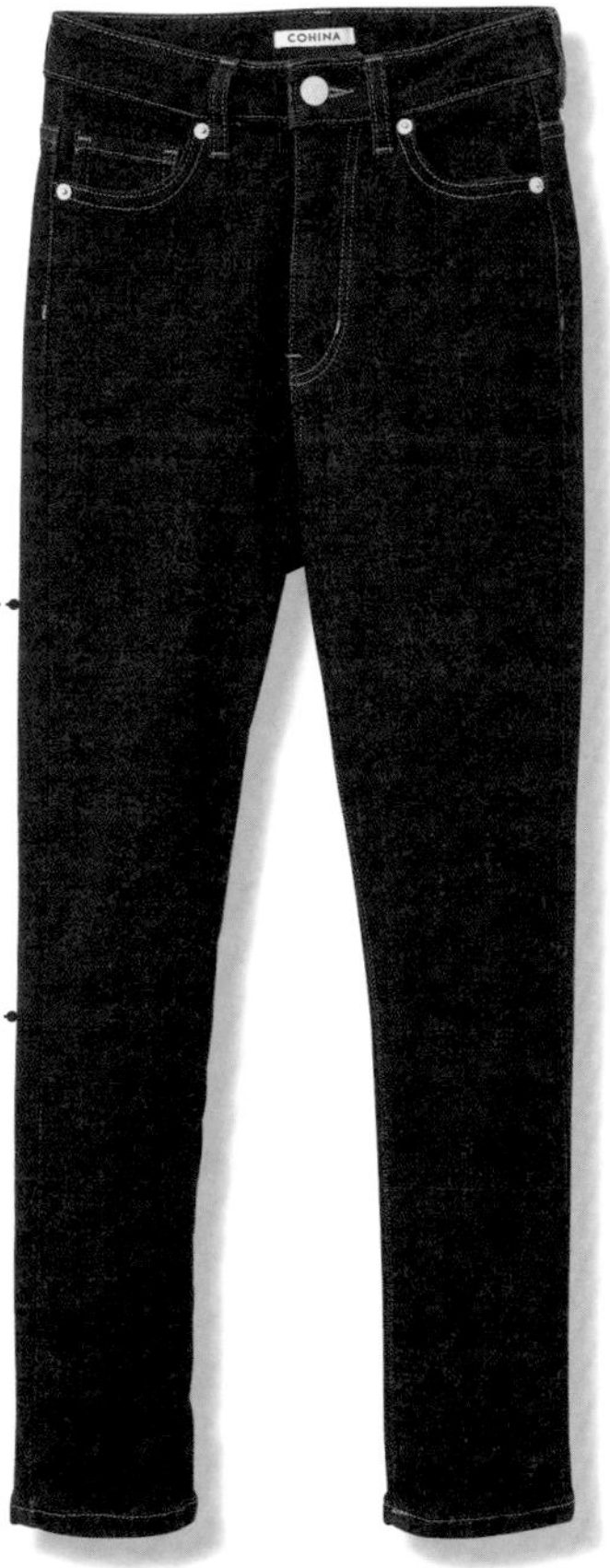


POINT

☑ ボディラインを
ひろいすぎない
厚みのある生地

POINT

☑ ひざ下ストレートで
ほっそり長く見える

BEST 3

## シガレット

# のデニム着回し術

## 甘めカジュアル

BEST 1

## セミワイドストレート

**きれいとカジュアルのいいとこ取り！着るだけで脚長になる魔法のデニム**

脚がまっすぐ見えるハリのある生地のインディゴをまず1本。腰まわりを見せてもスラッとした印象に。

きれいめなのでスニーカーでも子どもっぽく見えず、ジャケットやブラウスを合わせればハンサムに。

POINT
☑ギャザーやフリルの甘めディテール

POINT
☑トップスはINしてすっきり見せる

POINT
☑丸すぎないトゥで大人っぽさも

袖や襟にフリルやギャザーがついた甘めディテールのトップスを選ぶだけで、小柄女子が得意な甘めカジュアルが完成。シフォンなどやわらか素材も◎。

| | |
|---|---|
| BOTTOM | COHINA |
| TOPS | COHINA |
| EARRINGS | Three Four Time |
| BAG | JW PEI |
| SCARF | Three Four Time |
| SHOES | Odette e Odile for COHINA |

# 小柄女子だからこそ

## カジュアル

POINT

☑ ボーダーだと白Tより大人華やか

POINT

☑ 鎖骨、手首見せで女性らしさをちりばめる

手抜きに見えやすいボーダーとの組み合わせは、フィット感のあるサイジングで、手首や鎖骨、くびれを強調して攻略。とことんマリンに振り切るのも手。

| | |
|---|---|
| BOTTOM | COHINA |
| TOPS | martinique |
| BAG | SALON adam et ropé |
| SHOES | CONVERSE |

## 大人め

POINT

☑ ジャケットの肩かけでこなれ感を演出

POINT

☑ シャープな辛口靴で大人を担保

インディゴのきれいめセミワイドは、大人っぽいアレンジも大得意。ジャケットとも好相性で、肩かけで抜け感もアップ。小物は上質素材のものを合わせて。

| | |
|---|---|
| BOTTOM | COHINA |
| JACKET | COHINA |
| TOPS | UNIQLO |
| BRACELET | florist |
| BAG | AULENTTI |
| SHOES | Odette e Odile for COHINA |

BEST 2

# フレアワイド

## 美脚度No.１！　体形カバー力が高く「ほぼ脚に見える！」と定評アリ

「ほぼ脚デニム」と呼ばれている人気デニム。ハイウエストなので腰高で脚長に見え、思い切ったボリュームだからこそ美ヒップシルエットもかないます。ほどよくきれいめな印象ではくだけでおしゃれ感アップ。

### 甘めカジュアル

POINT
☑ V開きですっきり縦見せ

POINT
☑ トップスも淡めトーンで統一しIラインに

POINT
☑ 高めヒールでスラッとした頭身に

ウエストマークができるカシュクールならWのスタイルアップ効果もねらえます。靴はシャープさを出すため、ポインテッドトゥのヒールを合わせてみて。

| | |
|---|---|
| BOTTOM | COHINA |
| TOPS | COHINA |
| NECKLACE | COHINA |
| BAG | ZARA |
| SHOES | GU |

## カジュアル

POINT
- 視線を上げるおだんご

POINT
- カーデの肩かけで上半身にもボリュームを

POINT
- ナローベルトできゃしゃさを強調

カジュアル感が強く出すぎないよう、ゴールドの金具がついたベルトでウエストマーク。まとめ髪とカーデの肩かけで視線を上に誘導し、よりスラッと見せる。

| | |
|---|---|
| BOTTOM | COHINA |
| TOPS | SLOBE IÉNA |
| CARDIGAN | UNIQLO |
| RING | GU |
| BELT | STRATA |
| BAG | Marie-Louise |
| SHOES | COHINA |

## 大人め

POINT
- 線の細い小物使いですっきり見せる

POINT
- ウエストチラ見せで腰高に

POINT
- ジャケット×デニムで王道辛口コーデ

ぴったりサイズなら洗練された雰囲気にもアレンジ可能。インナーと小物を黒で統一し、キリッとした印象に。細いストラップのショルダーバッグが縦長をより強調してくれます。

| | |
|---|---|
| BOTTOM | COHINA |
| JACKET | COHINA |
| TOPS | GU |
| EARCUFF | GU |
| BRACELET | Tiffany & Co. |
| NECKLACE | PHILIPPE AUDIBERT × TOMORROWLAND |
| BAG | Isn't She? |
| SHOES | RANDA |

BEST 3

# シガレット

## ふくらはぎのシルエットをひろわない ストレートな形で理想のまっすぐ脚に

細身デニム派は、スキニーよりシガレットタイプを。シガレットとは、太ももはフィット、ひざ下がストレートになった形。気になる脚のシルエットをほどよくカバーし、まっすぐな美脚に見せてくれます。

### 甘めカジュアル

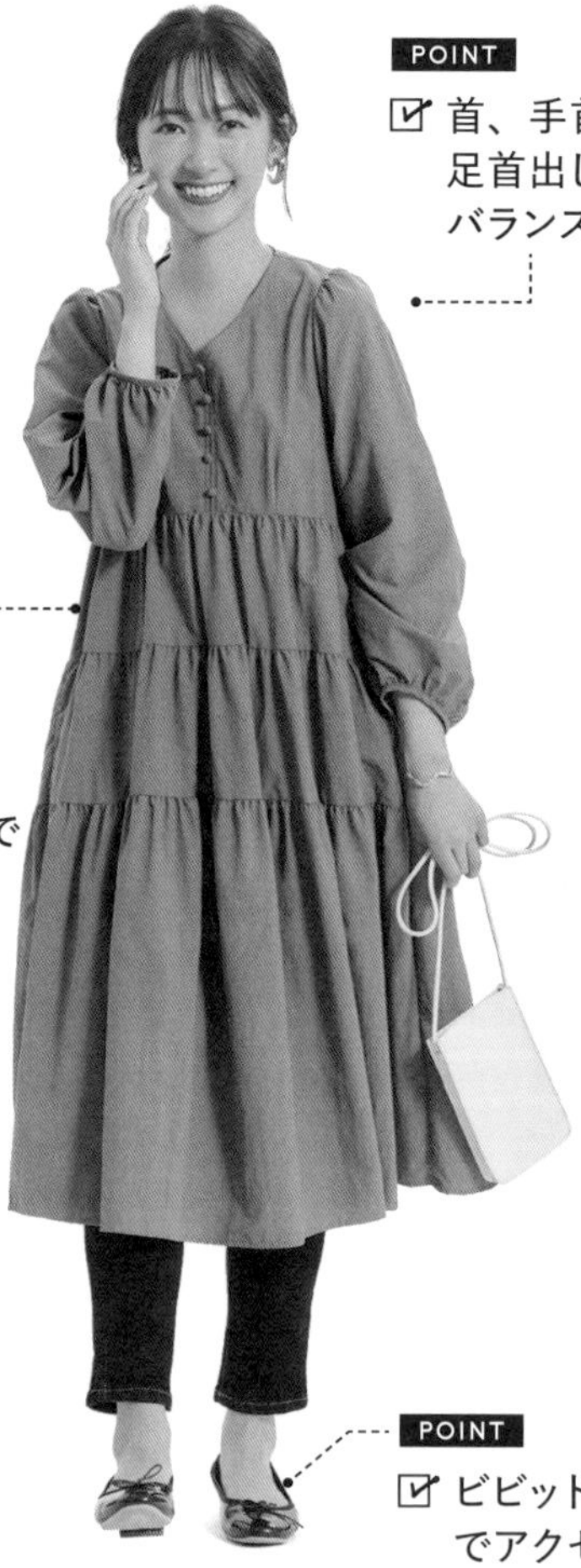

POINT
☑ 首、手首、足首出しでバランスアップ

POINT
☑ ふんわりワンピをインディゴシガレットで引き締め

POINT
☑ ビビッドカラーでアクセント

1枚では照れくさい甘めなワンピースも、シガレットがキリッと引き締めてくれる。ピタッとしすぎないから、レギンスよりきれいめに。

| | |
|---|---|
| BOTTOM | COHINA |
| ONE-PIECE | COHINA |
| EARRINGS | Danae∴ |
| BRACELET | Danae∴ |
| BAG | COHINA |
| SHOES | COHINA |

## カジュアル

POINT
☑ 細フレームのメガネでおしゃれ感

POINT
☑ 袖まくりで抜けを出す

POINT
☑ ストライプと濃色シガレットで縦見え

ロング丈のストライプシャツで縦長を強調しつつ、おなかや太ももをカバー。手首、足首を見せ、抜けを出して。ブルートーンならさわやかさもばっちり。

| | |
|---|---|
| BOTTOM | COHINA |
| SHIRT | STRATA |
| TOPS | Mila Owen |
| EYEWEAR | JINS |
| NECKLACE | COHINA |
| RING | ombre bijoux |
| BRACELET | in mood |
| BAG | Marie-Louise |
| SHOES | CONVERSE |

## 大人め

POINT
☑ ダークトーンでまとめてモードに

POINT
☑ ツヤ、キラな小物でカッコよく

POINT
☑ 素肌のチラ見せで女性らしさを表現

同系色の落ち感のあるシャツでIラインをつくり、よりスラッと見せます。アクセサリーで華やかさを足すことで、大人の女性らしさも表現できます。

| | |
|---|---|
| BOTTOM | COHINA |
| TOPS | COHINA |
| EARCUFF | Danae∴ |
| RING | Biju mam |
| BAG | RANDA |
| SHOES | COHINA |

# Q1. Tシャツ合わせだと、どうしても やぼったく見える……

## A1. 素材感や小物、メイクで盛って

「カジュアル同士の組み合わせは、どこかに女性らしさを感じるポイントをつくることでこなれ感が出ます。Tシャツをツヤ素材やとろみ素材にしたり、アクセや赤リップでおしゃれ感を出して」（AYAKO）

コヒナーさんと考えた！

# 体形カバー A

ANSWER

# Q2. サイズはどこに合わせる？

## A2. ウエストとヒップで合わせるときれいに見える

「基本的にウエストとヒップに合わせて」（AYAKO）「デニムのタイプによって、どこに合わせるか優先順位を決めます」（紗さん／147.5㎝）

引き締めカラーを入れて膨張防止

AMIさん
155cm

# Q3. ホワイトデニムを着てみたい

## A3. 真っ白よりアイボリーのニュアンスカラーなら肌なじみよく着やすい

「パキッとした白よりもアイボリー、オフホワイトのニュアンスカラーのほうがカジュアル度が抑えられ、トップスも選ばずオールマイティに活躍してくれます」（AYAKO）

## 小柄女子のデニムでQ
QUESTION

# Q4. COHINAデニムって実際どんな感じ？

## A4. デニムが苦手な人にこそ着てみてほしい！

「ブーツカットは人生を変えます」（梅津なごみさん／147㎝）「スリムタイプばかりはいてましたが、COHINAのフレアワイドは脚が長く細く見えて苦手意識がなくなりました」（ちいこさん／149㎝）「ぴったりサイズで子どもっぽく見えない！」（まるこさん／152㎝）「あきらめていたワイドもはけるなんて夢のよう」（ひなたさん／147㎝）

脚のラインがきれいに見えるフィット感
SHIMAさん 152cm
COHINA デニム
一般の デニム

# Q5. 靴は何がスタイルよく見える？

## A5. ワイドなら太めヒール、スキニーなら甲見せを意識して

「ワイド系はショートブーツや太めのヒール靴でつながりをつくると脚が長く見えます。細身デニムはつま先がシャープな甲浅パンプス、ローファーなど肌が見えると抜け感が出てきれいです」（AYAKO）

ベーシックアイテム

# 2

# 白Tシャツ

( ITEM **WHITE T-Shirt** )

「サマにならない……」
「手抜き感が出る」。
そんなときは
**素材とシルエットを**
**きれいめ仕様に**

ここで攻略!
ボトムに合わせて素材とシルエットを変え、きれい見せ
ここで攻略!
マメに更新し清潔感をキープ
ここで攻略!
袖まくりや小物で着こなし感を出す

## サイズ感と素材選びでぐっときれいめに

　小柄さんは運動着っぽさや部屋着感が出がちな白Tシャツ。素材や着こなしできれいめに見せるのが大きなポイント。高級感の出る光沢素材やとろみ素材や、やや厚地のものを選ぶのがまず重要です。

　ただ着ているのではない「着こなしてます」感を出すのもコツ。大きめサイズなら裾インして袖まくり、小さめなら大ぶりな小物で盛って。メイクやネイル、アクセもしっかりと。

# 「きれいめ」をかなえる 白Tの選び方ポイント

POINT ①

## 袖は 二の腕から3cm以上のゆとりを

小柄が大人に着こなすなら、腕をおろしたときに、袖と二の腕との間に3cm以上のすき間ができるものが上品。腕にピタッとつきすぎないゆとりもたいせつ。

大きめサイズは
1～2折りすると◎

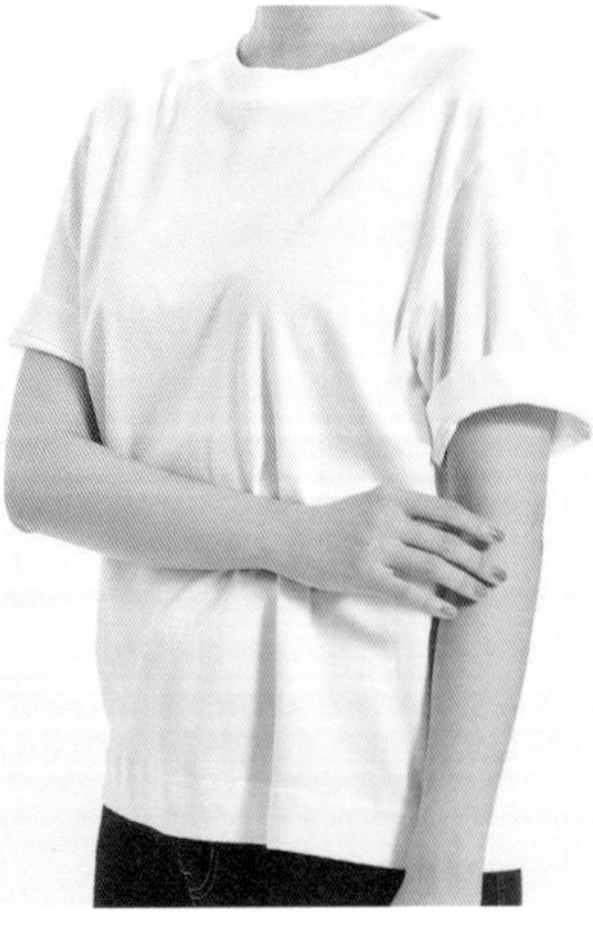

## カジュアル要素を抑えた 着るだけでサマになる1枚を

カジュアルすぎると子どもっぽく見えるので、きれいめ要素の強いものを。コットンでも光沢感があるだけで、大人見えします。

全条件を満たすCOHINA LAB.Tがおすすめ。サイズは体形やトレンドの変化に合わせ、毎年見直すのが正解です。

## POINT ②
## 襟 は 王道のクルーネック

襟が広く開いているとだらしなく見えるので、浅めのクルーネックを。首がつまりすぎても運動着見えするので注意。

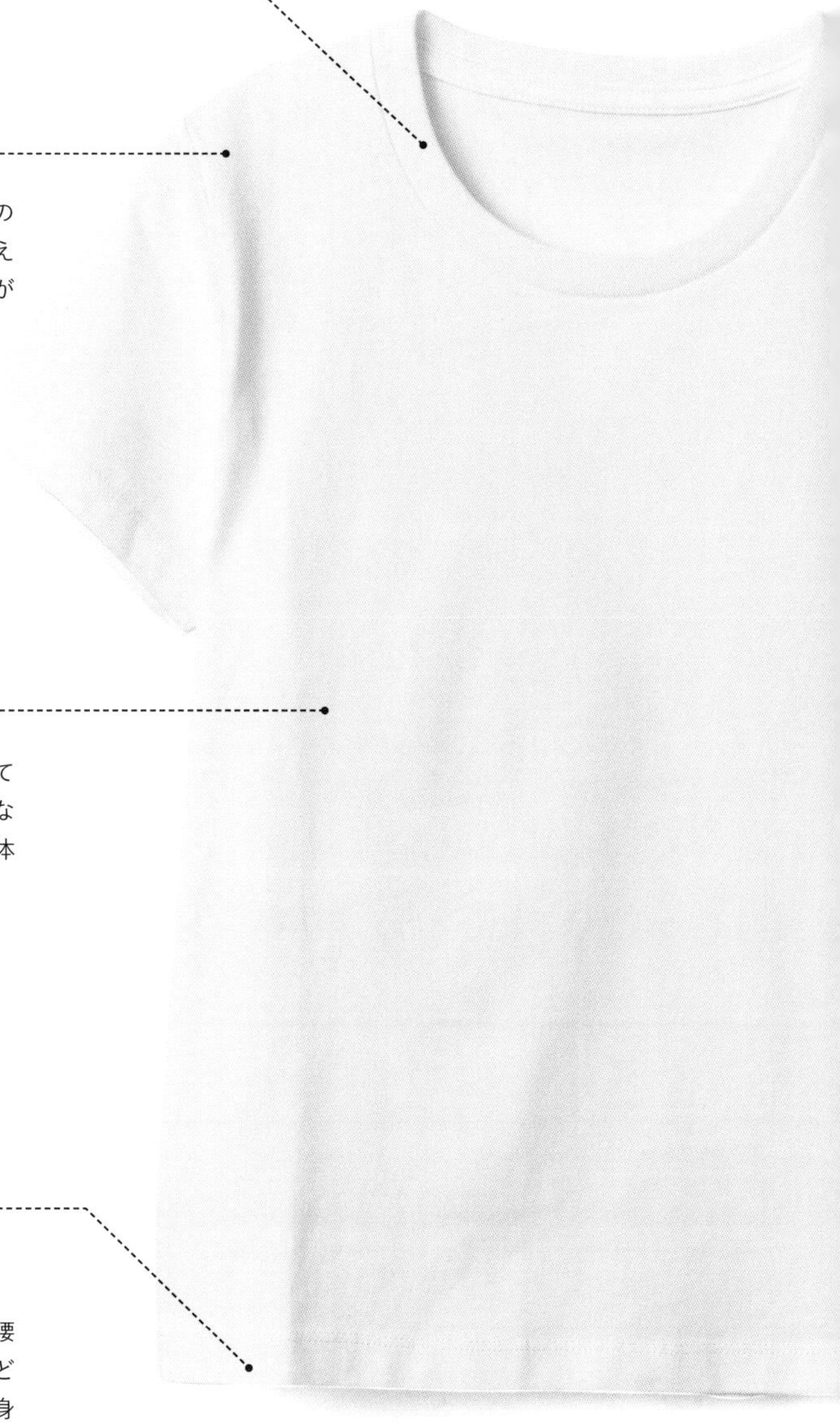

## POINT ③
## 生地 は ツヤのあるものを

同じコットンでもざらっとしたものより、ツヤがあるほうが品よく見える。とろみ系もエレガント。下着が透ける薄さは避けて。

## POINT ④
## サイズ は ほどよくタイト

ジャストサイズでは肉感をひろってむちっと見えるので、タイトすぎないボックスシルエットがベター。体が少し泳ぐくらいに。

## POINT ⑤
## 丈 は 腰骨のやや下

アウトしても、もたつかないのが腰骨を隠す長さ。スカート、パンツどちらともバランスよく決まる。細身ボトムにはロング丈でもOK。

# 着こなしポイント

## ＋ 派手色スカート

POINT
☑ スムースな上質素材で派手色を上品に

POINT
☑ フェミニンスカートも白Tなら甘さを中和

POINT
☑ 肉厚生地がデニムと好バランス

POINT
☑ やわらかベージュで脱・カジュアル

なんでも受け止めてくれる白Tなので、色遊びにも挑戦できます。スカートを主役にし、バッグと靴は同系色で合わせるとなじみ、こなれ感も出せます。

| | |
|---|---|
| TOPS | STRATA |
| BOTTOM | COHINA |
| EARRINGS | GU |
| NECKLACE | Lattice |
| BRACELET | florist |
| BAG | VARISIRTA Global Studio |
| SHOES | H&M |

## ＋ デニム

POINT
☑ アクセで盛る

POINT
☑ ポインテッドトゥ&ヒールで女らしく

ベーシックアイテムの組み合わせは地味になりがちなので、小物で強めのアクセントを。メガネやスカーフ、大ぶりなバングルで華やかに彩って。

| | |
|---|---|
| TOPS | COHINA |
| BOTTOM | COHINA |
| EYEWEAR | JINS |
| EARRINGS | GU |
| BRACELET | JUICY ROCK |
| BAG | Spick & Span |
| SCARF | Three Four Time |
| SHOES | DIOR |

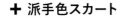

# ボトム別 白Tコーデの

## ＋ きれいめパンツ

POINT
フェミニン派はブラウスTが◎

POINT
光沢とろみ素材ならお仕事にも対応

POINT
落ち着いた色みの小物で統一

淡いペールトーンのボトムには、アイボリーのブラウスTシャツでなじませ、フェミニンに。きゃしゃなパンプスとアクセで、より女性らしさを高める。

| | |
|---|---|
| TOPS | COHINA |
| BOTTOM | COHINA |
| NECKLACE | ZARA |
| WATCH | DIOR |
| BAG | Danae∴ |
| SHOES | ZARA |

## ＋ スキニーパンツ

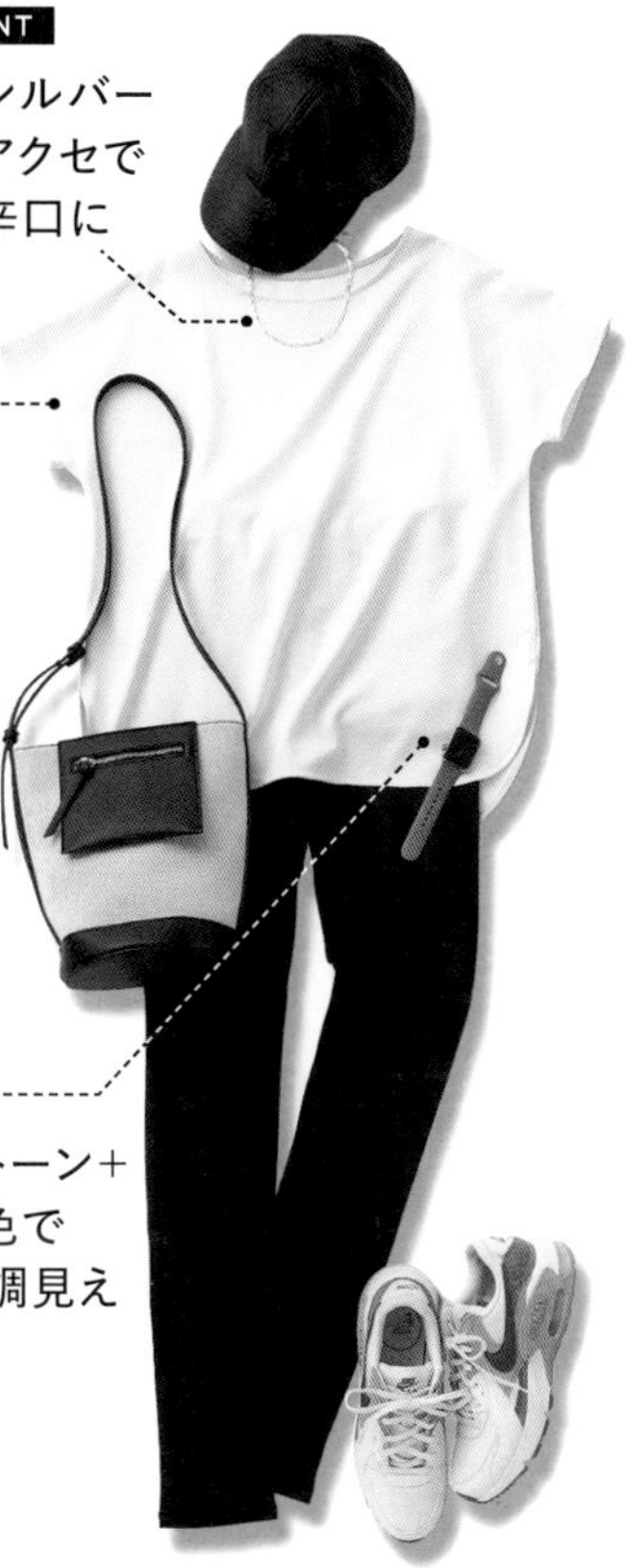

POINT
シルバーアクセで辛口に

POINT
つややか素材でひと華プラス

POINT
モノトーン＋差し色で脱単調見え

細身のパンツにはオーバーサイズの白Tを合わせ、辛口バランスに。ヒップが隠れる長さがベスト。シルバーアクセでクールな印象をプラス。

| | |
|---|---|
| TOPS | COHINA |
| BOTTOM | COHINA |
| CAP | COHINA |
| NECKLACE | H&M |
| WATCH | Apple Watch |
| BAG | SALON adam et ropé |
| SHOES | NIKE |

ベーシックアイテム

# 3

# ゆるシャツ

( ITEM **SHIRT** )

「借りてきたみたい」……と
苦手意識を
持ちがちなアイテム。
**ディテールのサイズと**
**素材選びで攻略**
すれば小柄が輝く！

ここで攻略!
ヘアはすっきり
させて
バランスアップ
ここで攻略!
襟は小さめ、
袖まくりで
着られてる感を
なくす
ここで攻略!
合わせる
アイテムは
抜け感重視
ここで攻略!
とろみ素材や
シアー素材で
大人見え

## ゆる見えしすぎない ディテールと 素材を選んで

シャツを着ると制服に見えたり、ゆるっとだと着られてる感が出がちな小柄さん。チェックポイントはディテールのサイズ感。襟やボタンは小さめを、袖はほどよいボリュームがあって袖まくりしやすい形か、手首がしぼってあるものを。裾はやや長めで丸みがあるデザインだと着こなしやすい。

簡単に大人の女性らしさが出せるとろみ素材や光沢素材、シアー素材も小柄さんにおすすめです。

# 小柄女子に似合うゆるシャツの見極めポイント

## オールシーンで着こなしたいならディテールをチェック！

COHINAでもシーズンごとにそでやえりのディテール、素材、身幅のサイズを見直し改良しています。

イン、アウトどちらもバランスよく、羽織り物としても活用できるようディテールにこだわって。

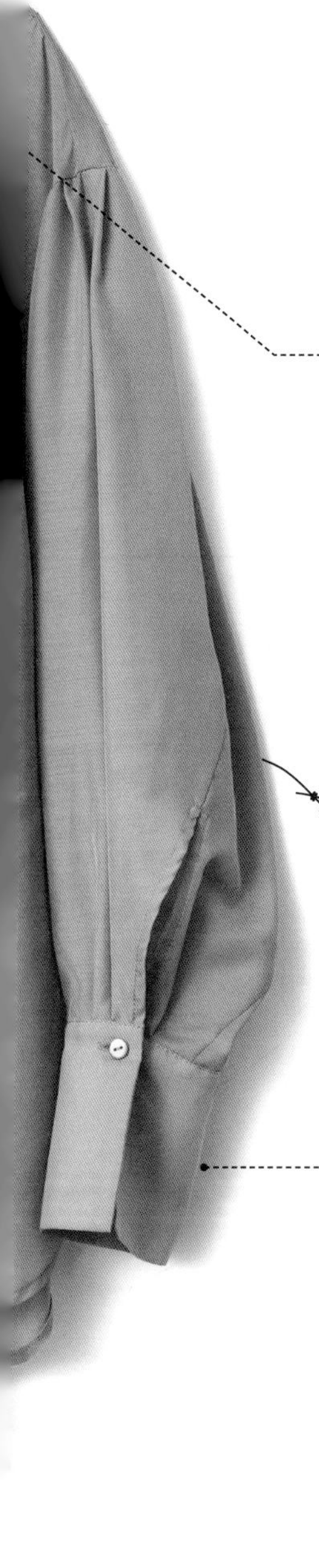

POINT ①

### えりは細め、小さめを意識

主張の強い襟はアンバランスな印象の原因に。細めのバンドカラーが小柄にベストマッチ。スタンダードな襟なら、小さめのものを選んで。

POINT ②

### 袖は袖まくりできる袖幅や長めカフスのものを

袖幅に適度なゆとりがあったり、カフスが長めだったりすると、手首の細さが強調でき、バランスがとりやすくサマになる。

POINT ③

## 生地 は シアーやとろみ系

ハリがあるとメンズ感が強まるため、とろみ素材や透け感があるとベスト。柄ならストライプを選ぶと縦長効果がねらえる。

POINT ④

## サイズ は ボタン全閉じでも身幅にゆとりのあるものを

1枚で着る、インやアウトに重ねる、羽織る、といろいろ着回せるよう、ややゆとりがある身幅を選んで。

POINT ⑤

## 丈 は ヒップが隠れる長さ

すっぽりとヒップをおおうやや長め丈を。裾がラウンドしていたり、サイドにスリットがあるもの、前後差のあるデザインなら、小柄さんでも抜け感が出てスタイルアップ。

# 「ただ着る」だけじゃない ゆるシャツの着回しバリエ

## ウエストINできれいめに

POINT
☑ スカーフで顔まわりを華やかに

POINT
☑ ボタンとIラインスカートで縦見え

細身のスカートを合わせれば、お仕事服にぴったり。シンプルなバンドカラーを華やかに盛るならスカーフを巻くと、小顔効果もあり一石二鳥。

| | |
|---|---|
| SHIRT | COHINA |
| BOTTOM | DHOLIC |
| SCARF | Three Four Time |
| WATCH | CLUSE |
| BAG | Three Four Time |
| SHOES | RANDA |

## 羽織り物として大人カジュアルに

POINT
☑ 羽織り使いで体形カバー

POINT
☑ シアー素材でカジュアルボトムを女性らしく

ゆるシャツは羽織り物としても大活躍。二の腕やおなかまわりのカバーにも◎。シアーなら大人な印象に。インナーに悩んだら白が正解。袖まくりを忘れずに。

| | |
|---|---|
| SHIRT | COHINA |
| TOPS | GU |
| BOTTOM | THE SHINZONE |
| NECKLACE | H&M |
| BELT | STRATA |
| BAG | KOBE LETTUCE |
| SHOES | CONVERSE |

| | |
|---|---|
| SHIRT | COHINA |
| TOPS | UNIQLO |
| BOTTOM | STRATA |
| EARRINGS | GU |
| NECKLACE | H&M、Danae∴ |
| BAG | H&M |

ベーシックアイテム

# 4

# 襟つきコート

( ITEM **OUTER** )

面積が広い分、
着負けしやすいアイテム。
**装飾小さめの**
**すっきりデザイン**
**を選んで**

ここで攻略!
襟やボタンは小さめがマスト
ここで攻略!
身幅と肩幅はジャストサイズに
ここで攻略!
くびれをつくる高め位置のベルト
ここで攻略!
明るいカラーで軽やかに見せる

## 肩幅を合わせシンプルなデザインを選択

小柄女子にとってダボッと着負けしてしまう難関アイテムのひとつが襟つきコート。肩幅が合うかをまずチェック。ここが合わないと〝着られてる〟感が強くなります。

存在感のあるボタンや大きなポケットも小さな体に対してアンバランスなので避けましょう。コートは盛るのではなく、引き算が正解です。

# 装飾の小ぶり感が大切!!

ITEM 1

## ショート丈コート

POINT

☑ カラー

軽やかさ、抜け感を出すなら明るめの色に、引き締めたいときは濃色をセレクト。

POINT

☑ 肩幅

まず肩にぴったり合うサイズかを確認。肩幅が余ると、着ぶくれやだらしな見えの原因に。

POINT

☑ 丈感

スカート、パンツとも相性がいい丈は腰骨～ヒップの位置。ボリュームのある冬ボトムもすっきり見えます。

POINT

☑ ポケットの位置

ウエストあたりの高めがベスト。低すぎるもの、大きすぎるものは重心を下げるので注意。

# 冬コート

ITEM ②

## ロング丈コート

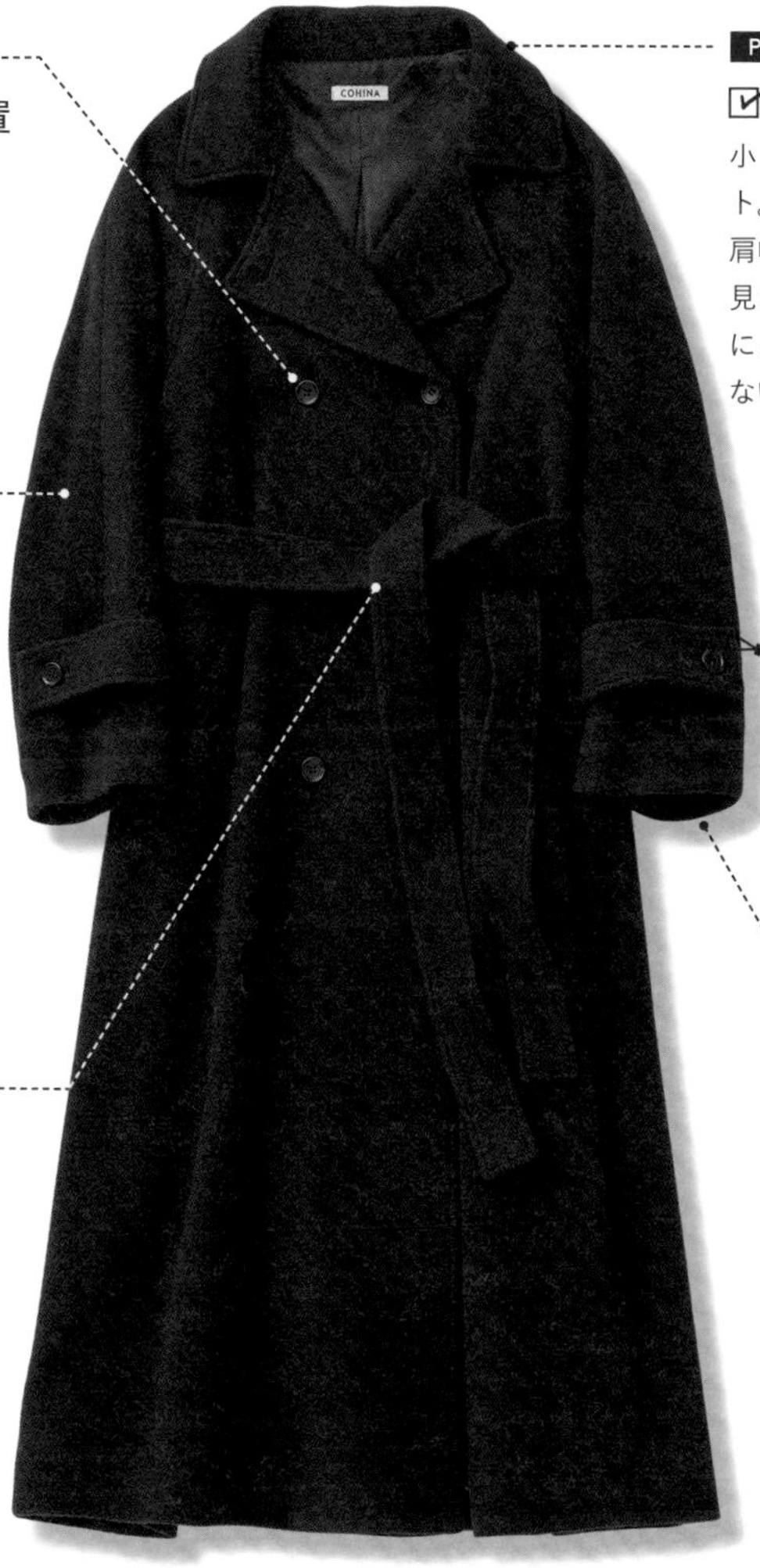

POINT

### ☑ ボタンの位置

第一ボタンが高めについていると視線が上がり、スラッと見えます。

POINT

### ☑ 襟の大きさ

小さい襟をセレクト。襟が大きいと、肩幅までも大きく見えてアンバランスに。肩幅を占領しない大きさに。

POINT

### ☑ シルエット

ストンとしたIラインか、高めの位置からの切りかえでフレアに広がるシルエットなら着ぶくれなし。

COHINA

POINT

### ☑ ベルト

くびれをつくるためのベルトがあるとメリハリが出て、自然にスタイルアップ。高めの位置がマスト。

POINT

### ☑ 袖

手の甲が少し見えるくらいの丈が正解。ベルトがついていると、調整ができて安心です。

# レンチは小柄のベストシルエット

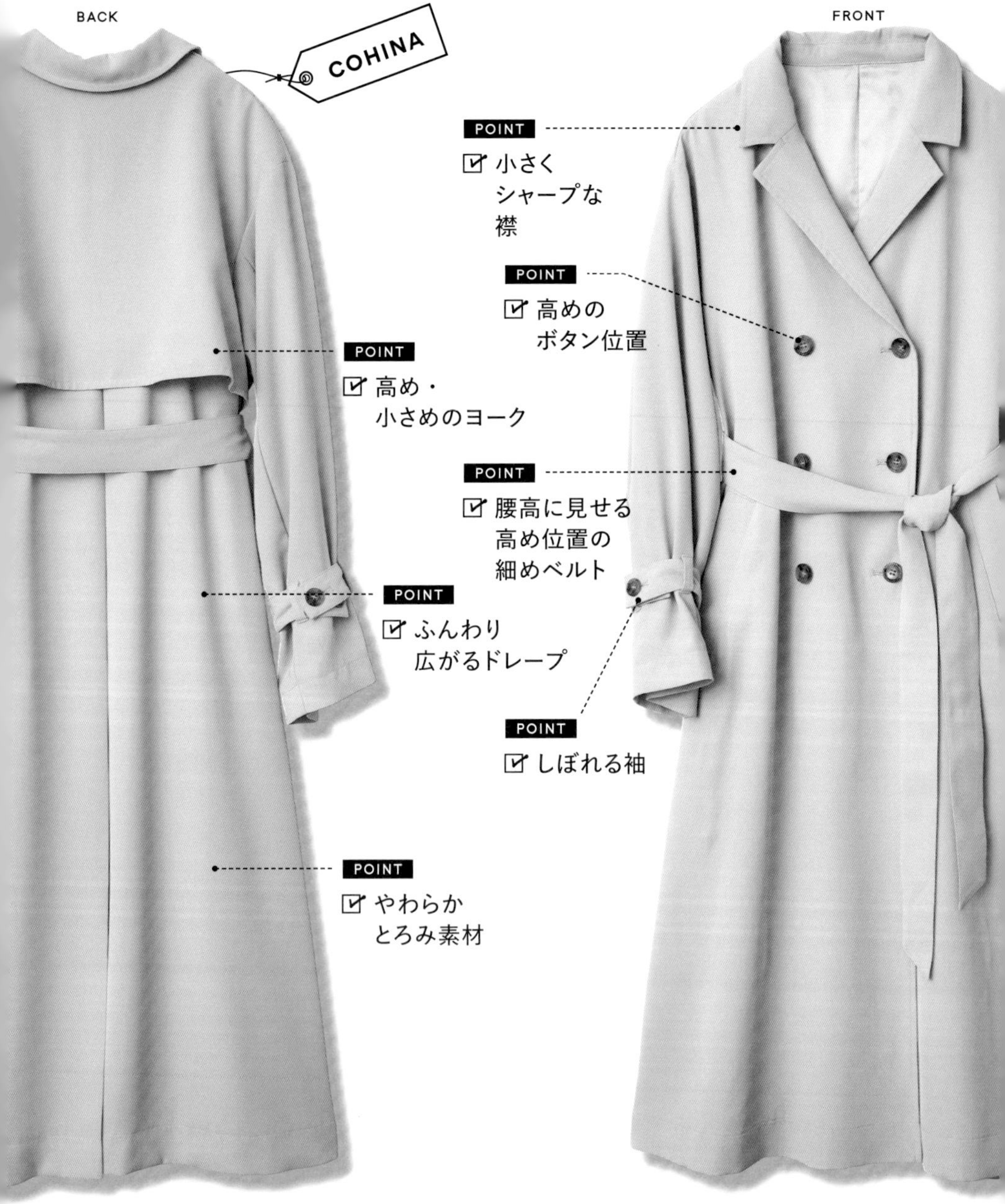
BACK
COHINA
FRONT
POINT
小さく
シャープな
襟
POINT
高めの
ボタン位置
POINT
高め・
小さめのヨーク
POINT
腰高に見せる
高め位置の
細めベルト
POINT
ふんわり
広がるドレープ
POINT
しぼれる袖
POINT
やわらか
とろみ素材

# 春・秋コート　COHINAの

## ディテール小さめ位置高めの小柄専用トレンチ

カッコいい大人女性の象徴ともいえるトレンチコート。私も着こなしたいと研究を重ねました。

とろみ素材で動きを出しつつ軽快に。襟はとにかく小さく、ボタンはミリ単位で大きさを調整。襟、ヨーク、ボタン、ベルト、袖はすべて高めに設定。着負け要素をゼロにしているので、今までトレンチを避けてきた小柄さんにも、自信を持っておすすめしたいです。

＼身長別／

### トレンチ着こなしSNAP

チェックスカート×ベレー帽のフレンチシックなコーデにぴったりハマり、こなれ感アップ。

AYANEさん

ロングコートにはあえてロングスカートを合わせて。淡いカラーなら重たくならない。

HONAMIさん

サロペットに羽織ればカッコいい印象に。濃色コーデもベージュが軽やかにしてくれます。

AMIさん

# 失敗しない選び方ポイント

ITEM ①

## MA-1

ハードに見えやすいＭＡ-1も、ギャザー入りや光沢感のある素材、ショート丈なら軽やか。ワンピースやきれいめ着こなしのハズしに活躍します。

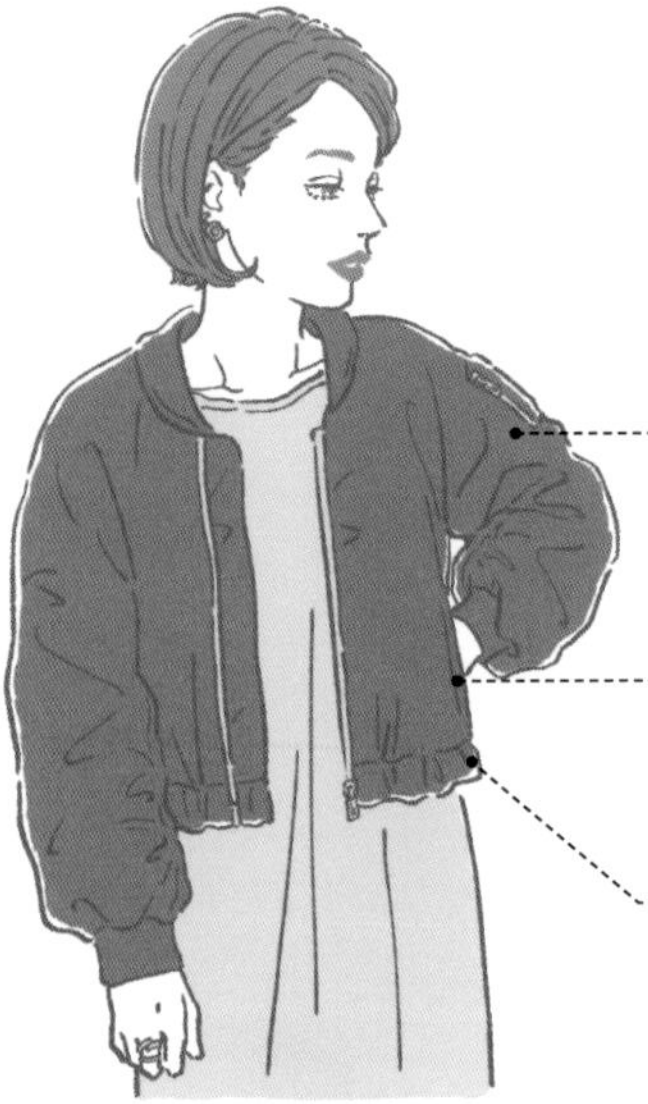

POINT
☑ やわらか、つやめき素材

POINT
☑ ショート丈ですっきりと着る

POINT
☑ ウエストがしぼれるタイプを

ITEM ②

## マウンテンパーカー

手抜きに見えないコンパクトサイズが肝。ポケットやファスナーの金具も小ぶりなものを。山登りコーデに見えないよう、甘アイテムと合わせて。

POINT
☑ フードつきなら顔まわり華やか

POINT
☑ ダボッとしないコンパクトサイズ

POINT
☑ ギャザー多めの甘ディテール

# カジュアルアウターの

ITEM 3

## パーカー

ダボッとした大きめサイズはご近所着になりがちなので、コンパクトなサイズがマスト。しっかり立ち上がるフードだと小顔効果大。ハリのあるきれいめ素材で、上質なカジュアルに。

POINT

☑ ハリのある素材

POINT

☑ 袖、裾はリブ編みですっきりと

POINT

☑ 腰骨あたりのショート丈

ITEM 4

## ジレ

1枚羽織るだけでこなれ感が出せ、Iライン見えで身長も盛れるので、ジレは小柄女子にとって強い味方。1枚目はヒップが隠れる丈を持っているとスカート、パンツ両方に合わせやすい。

POINT

☑ まずはアイボリーやベージュのやわらかカラーを

POINT

☑ 落ち感のあるとろみ素材で軽やかに

POINT

☑ ヒップがすっぽり隠れる丈感

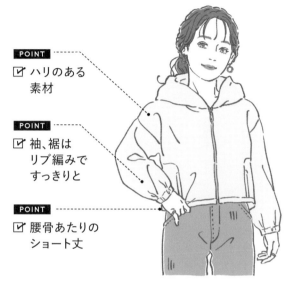

# LESSON 3

# 「小柄女子」は小物であか抜ける

／

小柄女子のおしゃれを研究するうち気づいたのが、
小柄にとって、アクセやバッグなどの小物は
とても重要なアイテムだということ。
コーデをあか抜けさせるために、
また、視線を引き上げてスタイルアップするには、小物がキーに。
迷ったら小さめ、きゃしゃめなデザインを選んで。
ときにはインパクトのあるバングルやスニーカーで
ハズすのもおしゃれです。

| | |
|---|---|
| TOPS | COHINA |
| BOTTOM | COHINA |
| EYEWEAR | JINS |
| EARRINGS | Mariko Tsuchiyama |
| NECKLACE | H&M |
| BRACELET | Tiffany & Co. |
| BELT | LIM DESIGN |
| BAG | Bottega Veneta |
| SHOES | Maison Margiela |

# バッグは「小ぶり」「きゃしゃ感」で全身あか抜ける

### オフの日はミニバッグを

ミニバッグは小柄女子の強い味方。小さな体にぴったりなじむサイズ感で、スタイルアップがかないます。肩かけしたときに腰の位置にくるのがベスト。

BAG COHINA

POINT

- ☑ 細めストラップ
- ☑ バッグが腰位置にくるストラップの長さ
- ☑ ツヤ、キラの装飾つき

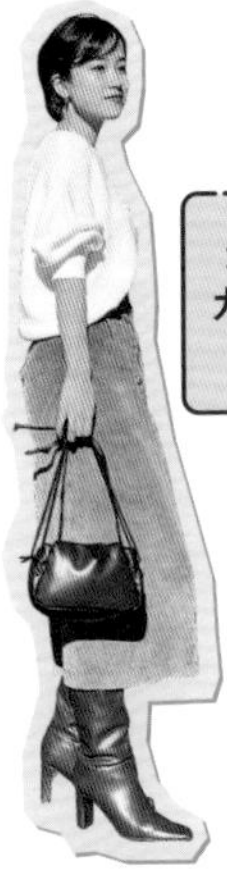

光沢レザーでカジュアル服をレディに

AMIさん／155cm

大きめ金具で遊び心のあるコーデに

AYAKO／148cm

# きゃしゃで重心が下すぎないデザインを選ぶ

小柄女子は、大きめバッグを持つと「バッグが歩いてる感」が出がちなので、シルエットがなるべく小さく縦長で、持ち手も細めのものを厳選して。視線アップをねらうためには、本体が腰よりも上にくるように持つのがおすすめ。素材は体になじむソフトな風合いのものを。大人な印象をつくれる高級感のある素材やディテールもおすすめです。

持つだけで
全身がすらっと
縦見え

MIIさん
／143cm

**POINT**

- ☑ 縦型
- ☑ マチ狭め
- ☑ 金具つきで大人め
- ☑ ソフトな素材

## COHINAのお仕事バッグが最強

お仕事バッグがどうしても大きく見えてしまう、という小柄さんには、COHINAのオリジナルをおすすめします。長財布、500mℓのペットボトルも入るのに、縦長なので圧迫感なし。高見えする素材で大人な印象をあと押しします。

BAG　COHINA

**小柄には NGバッグ**

- × 横長デカトート
- × 体の幅より大きいお仕事バッグ
- × 太い持ち手

# 荷物多い系女子は「ミニバッグ」+「エコバッグ」の2コ持ちに

エコバッグも
縦長をセレクト

BAG COHINA

モノトーンコーデにバッグで差し色を。ロゴつきの派手色トートも縦長ならすっきり見えます。

FUUさん
153cm

AYAKO
148cm

カジュアルコーデを黒レザーのミニバッグで大人っぽく引き締め。トートは縦長で軽やかに。

ミニバッグなら黒でも重くならず、コーデの引き締め役に。大きめエコバッグはベージュで抜け感を。

KAEDEさん
153cm

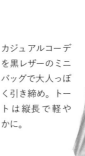

# エコバッグは縦型を選びミニバッグと合わせる

「ミニバッグじゃ持ち物が入りきらない」という荷物多い系小柄さんは、大きなバッグをひとつ持つよりも、ミニバッグをメインに、エコバッグと2コ持ちに切りかえて。下の写真のように全身バランスが圧倒的にきれいになります。

ミニバッグはきゃしゃなストラップで腰位置にくるものを、エコバッグは縦型を選んで。エコバッグは使い回さず、ミニバッグに合わせてコーデすると◎。

**GOOD!**

◎

細ストラップで
すっきり
縦長の軽やか
エコバッグ

**イマイチ**

△

体をおおう
デカバッグ

| | |
|---|---|
| BAG（AFTER） | LOEWE、COHINA |
| TOPS | A.P.C. |
| BOTTOM | IÉNA |
| EARCUFF | GU |
| SHOES | ASFVLT |

# 小柄でも「足元重すぎ」にならない靴図鑑

## 抜け感が出せる甲浅タイプでスラッと見せる

小柄女子がスラッと見せるには、縦ラインを分断する要素を減らすことが大切です。靴もボトムからのつながりを感じさせるものや、甲浅で抜け感のあるものを選ぶのが基本。

厚底は重心が下がって見えがちなので、軽やかなカラーや足首見せで調整を。

パンプスやサンダルのヒールは5～7㎝が小柄さんがきれいに見えるベストな高さです。

( SHOES PICTURE BOOK )

### バレエシューズ

( BALLET SHOES )

甲が見える浅め
光沢感のある素材

BRAND
COHINA

幼くなりがちなので、つま先が細いかややスクエアで、甲が浅いものを。3㎝ほどヒールがあるとより大人感が出せます。

### パンプス

( PUMPS )

シアーや
つやめき素材
ポインテッドトゥ
ヒールは
5～7㎝

BRAND
COHINA

ヒールは5～7㎝が美脚効果もあり、バランスよく決まります。甲浅で、トゥがほっそりしていると脚もスラッと長く見えます。

## サンダル

( SANDALS )

きゃしゃなストラップ
ヒールでスラ見え

BRAND
Odette e Odile for COHINA

小柄のサンダルは肌をおおいすぎないデザインを選ぶのが正解。ストラップが細めか、甲が浅いものを。ヒールがあればベター。

## ローファー

( LOAFERS )

ビットつきで大人見え
厚底で盛る

BRAND
COHINA

トラッド、マニッシュなコーデ以外にもカジュアルな装いにマッチ。サイドに切り込みが入っていると抜け感が出て軽やかに見えます。

## スニーカー

( SNEAKERS )

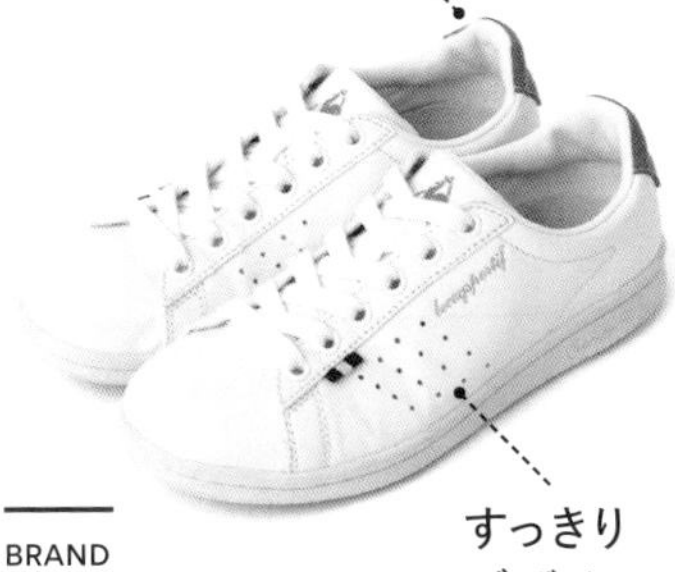
ローカットで足首見せ
すっきり
デザイン

BRAND
COHINA × le coq sportif

きゃしゃな足首をアピールできるローカットがおすすめ。清潔感があり、軽やかに見える白ベースがマルチに使いやすい。

## ロングブーツ

( LONG BOOTS )

ひざに
ぶつからない
筒の長さ
スクエアトゥで
大人っぽく

BRAND
COHINA

筒丈は長すぎず、ひざ下に1㎝は余白があるとバランスよく脚長に見えます。ヒールあり、つま先は丸すぎないものを。

# 「子どもっぽくならない」スニーカーのキーワード

## シンプルスタイリッシュかモードなボリュームタイプを

足首が見えるローカットで白のスニーカーなら、スカートにもパンツにもなじみます。シークレットインソールを入れると、すらりとした印象に。ハイテクは甘めコーデやシンプル服のハズしにおすすめ。厚底も身長を盛れる小柄の味方です。

**田中絢子の推しスニーカーLIST**

- D.A.T.E. のFUGA
- ル コック× COHINA のコラボ
- アディダス のスタンスミス

細身パンツとのつながりもきれい!
ボリューム SK を合わせてもすっきり見え

MAIMIさん
152cm

KEYWORD 1

### ローカット

足首がほっそり見えたり、パンツとつながって見える、コンバースやスタンスミスのような細身のローカットは、ボトムを選ばず合わせやすく大人カジュアルに決まる。

トラッド
コーデに
抜け感を＋
全身ホワイトで
そろえれば
女性らしく見える

AMIさん
155cm

KEYWORD ②

## ハイテク

ボリュームのあるハイテクスニーカーは白ベースを選ぶと失敗しにくい。ワンピをピリッと引き締めるのに最適。シンプルなきれいめ服の味つけにもぴったり。

同系色の靴下を
合わせショート
ブーツ感覚で
マニッシュな
スタイルにも
黒ならマッチ

KICCHANさん
148cm

KEYWORD ③

## 厚底

さりげなく身長が盛れる厚底スニーカー。ボーイッシュな着こなしはもちろん、ロングスカートや女性らしいコーデにもマッチ。夏ならスポサンを活用するのもあり。

# アクセをつけると3割増しで洗練

## MY定番アクセのセットを作っておくのがおすすめ

小柄を大人見せするにはアクセが欠かせません。ふだん着のときこそつける習慣を。視線を上げるため、耳元アクセは必須。指輪は複数つけるのが◎。

辛さを加えるならシルバー、女性らしさを演出するならゴールドが基本。セットを作っておくと便利。ミックスするのも今どき。

存在感のある大ぶりなものはひとつにし、あとは小ぶりにすると、バランスよく見えます。

### EARRINGS / CLIP-ON EARRINGS

POINT

☑ 揺れ動くピアス・イヤリングは鉄板

ロングタイプは小柄女子の可憐さを保ちつつ、大人っぽさを演出する効果絶大。視線を上げ小顔見え。

POINT

☑ 小ぶりのイヤーカフで女性らしさアップ

カジュアル服にもさりげなくつけられ、フェミニンな印象に。きゃしゃなタイプは重ねづけすると、こなれ感も出しやすい。

## NECKLACE

POINT

### ☑ 縦長ラインをつくる Y字ネックレス

首がすっきりと見え、縦長を印象づけやすいY字ネックレス。細いチェーンを選ぶと、シンプル服でも上品な印象に。

POINT

### ☑ シルバーで辛さを、ゴールドで女性らしさを

クールかつスタイリッシュな印象を与えるのはシルバー。ゴールドはエレガントで高級感が。マンネリしたら、パールやストーンを＋。

## BANGLE / RING

POINT

### ☑ 手首をきゃしゃ見えさせるバングル

存在感のあるバングルは、女性らしいほっそり手首を際立たせてくれ、シンプルなコーデも一気にあか抜けるのでおすすめ。

POINT

### ☑ 自由に重ねづけをして楽しむ

手元は重ねづけすると奥行きが。リングはシルバー、ゴールド、パールなどさまざまな素材をミックスしてもおしゃれです。

# 「顔まわり小物」で視線を上に誘導する

## コーデにさりげなくなじむ線の細いきゃしゃタイプをセレクト

ジュエリー以外の顔まわりにつける小物も、小柄さんに活用していただきたいアイテム。視線を上に誘導でき、全身をスラッと見せることができます。

カチューシャなどのヘッドアクセは小柄の大得意アイテム。メガネもアクセントに◎。スカーフは大人らしさの演出にお役立ち。マフラーはコーデになじむ無地がおすすめ。

### カチューシャ

（ HEADBAND ）

ゴールドやシルバー、ベロアやレザーなどの光沢感のあるもので、1cmほどの細さのものなら、大人っぽくコーデできる。

## マフラー

( WINTER SCARF )

ふわっと
巻いて小顔見せ

無造作に巻いたあとに軽くほぐすとこなれて見えます。無地がやっぱり使いやすい！

## スカーフ

( SCARF )

ツヤ生地で
大人っぽさを
出す

シンプルなニットやシャツにゆるく巻くだけでこなれ感が出せる。首に巻くだけでなく、頭に巻くのもおしゃれでスラッと見えます。

## メガネ

( EYE WEAR )

細フレームで
アクセントを

Tシャツコーデでもメガネを投入すれば一気に洗練された雰囲気に。気負わずふだんにとり入れて。フレームはきゃしゃなゴールドやシルバーならアクセがわりにも。

# スタイルアップと印象チェンジに「帽子」が大活躍!!

## 可愛くスタイルアップがかなう万能小物。ボリュームが出すぎないよう注意して

視線を上に誘導し、スタイルアップをかなえてくれる帽子は、小柄女子にぜひふだん使いしてほしいアイテム。シンプルなコーデでもぐんとあか抜けさせてくれたり、帽子をかえるだけでイメチェンも簡単。

バランスがとれるかどうかはサイズ感が重要、種類によって見極めポイントが異なるのでチェックを。頭の小さい小柄さんには、頭まわり53㎝からあるCOHINAの帽子がおすすめ。

### キャップ

（ CAP ）

**POINT**

- ☑ つやめき素材
- ☑ ロゴは控えめ
- ☑ つばは小さめ

ワンピースなど甘めコーデのハズしアイテムとして投入。フェイクレザーなどリッチな素材で曲線的なシルエットを選ぶのがコツ。

## バケットハット

( BUCKET HAT )

POINT

- ☑ つばの幅が短め
- ☑ つやめき素材
- ☑ やや角ばったシルエット

きれいめスタイルにも合わせやすく、縦長シルエットでスラッと見え。大きすぎると埋もれてしまうので、サイズ調整ができると◎。

## キャスケット

( CASQUETTE )

POINT

- ☑ 無地タイプ
- ☑ 頭まわりサイズを重視
- ☑ 高さが出すぎないこと

カジュアルからフェミニンまで合わせやすく、丸みを帯びた形で小柄の可愛らしさも引き立つ。つばは5㎝くらいを目安に選んで。

# COHINAの「ナローベルト」は小柄に特化したサイズ感

## 体形を気にせずウエストマークが簡単にできる！

小柄女子の着こなしテクに欠かせないのがウエストマークですが、「合うベルトがない」のが小柄女子の悩み。私も以前はキリで穴を追加していました。

　そこで、一般的なベルトよりも穴が多く、さまざまな体形の小柄さんに対応できるオリジナルベルトを作りました。さりげない細さと、アクセントにもなるカラバリが大人気で、何色もそろえてくださっているかたも。

( NARROW BELT )

＼色チ買いする人続出!!／

ベルト穴がたくさん！
ウエスト53～80.5㎝
まで対応

POINT
1㎝幅の極細!!

STYLING

## 王道マリンコーデの
## アクセントに

マリンコーデの差し色として活用し、こなれ感をアップ。ウエストのきゃしゃさもアピールできる。

| | |
|---|---|
| BELT | COHINA |
| TOPS | COHINA |
| CARDIGAN | FREE'S MART |
| BOTTOM | YANUK |
| EARRINGS | H&M |
| NECKLACE | H&M |
| BAG | COHINA |
| SHOES | Odette e Odile for COHINA |

STYLING

## ワンピースの
## スタイルアップに

ストンとしたワンピースにつければ、くびれができ女性らしさアップ。全身を分断しない、ワンピになじむ色を。

| | |
|---|---|
| BELT | COHINA |
| JACKET | ADAM ET ROPÉ |
| ONE-PIECE | TOMORROWLAND |
| NECKLACE | Lattice |
| WATCH | KOMONO |
| BAG | CHARLES & KEITH |
| SHOES | DIANA |

# LESSON 4

# 小柄女子の お仕事服と オケージョン、 どうする？

／

学生服のように見えたり、
「お父さんやお母さんの服を借りた」ように
見えて苦手な小柄さんが多いのが、
お仕事服やオケージョンコーデ。
お仕事服はジャケット選びがポイント。
大人っぽく着こなせるサイズ感とデザインの
見極めポイントをお伝えします。
小柄さんのオケージョンは、「引き算」がポイント。
色か小物、シルエット、どれかを抑えることで、
ぐっとこなれ感が出せますよ。

| | |
|---|---|
| JACKET | STRATA |
| TOPS | ZARA |
| BOTTOM | UNIQLO |
| EARRINGS | ENELSIA |
| RING | Biju mam |
| WATCH | COACH |
| BELT | LIM DESIGN |
| BAG | SAINT LAURENT |

# きちんとテーラードJKとシャープなノーカラーJKがあれば安心

JACKET

## テーラードJK

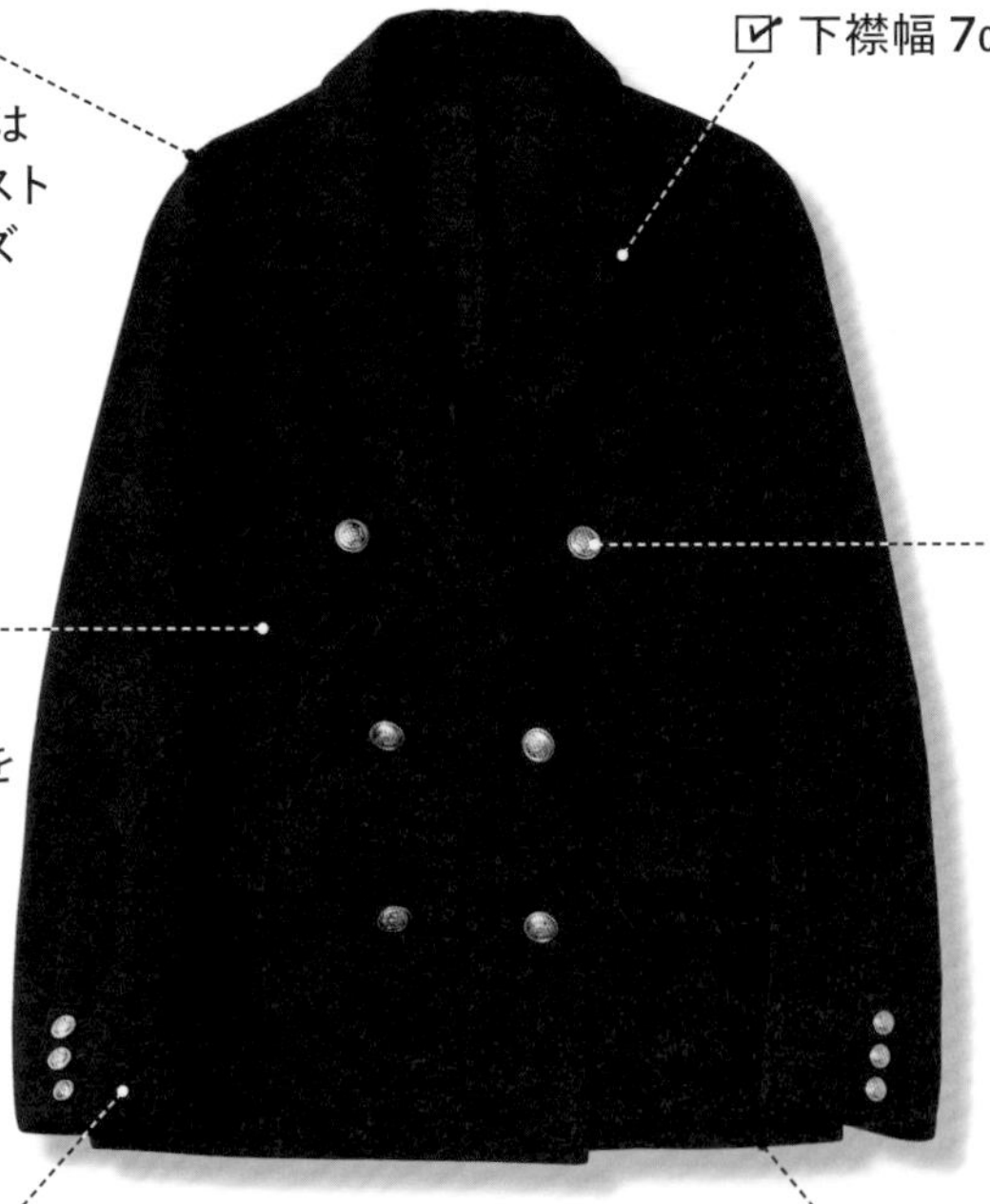

POINT
☑ 肩幅はジャストサイズ

POINT
☑ 下襟幅 7㎝以下

POINT
☑ 身幅はややゆとりをもたせる

POINT
☑ 金ボタンでアクセントを

POINT
☑ ヒップが隠れるくらいの丈感

POINT
☑ 体なじみのいいソフトな素材

## コンパクトでディテール小さめ、が選びの鉄則

　さっと羽織るだけできちんと見えるジャケットは、お仕事着として頼れるアイテム。小柄女子の選びのコツは、まず肩幅に合わせること、襟やポケットなどが主張していないこと。そしてかちっとした素材より、やわらかめのほうが着負けせず安心。
　小柄さんはベージュやくすみパステルなどの抜け感のある色も得意です。オフでもパーカーやカーデがわりにぜひとり入れて。

JACKET

### ノーカラーJK

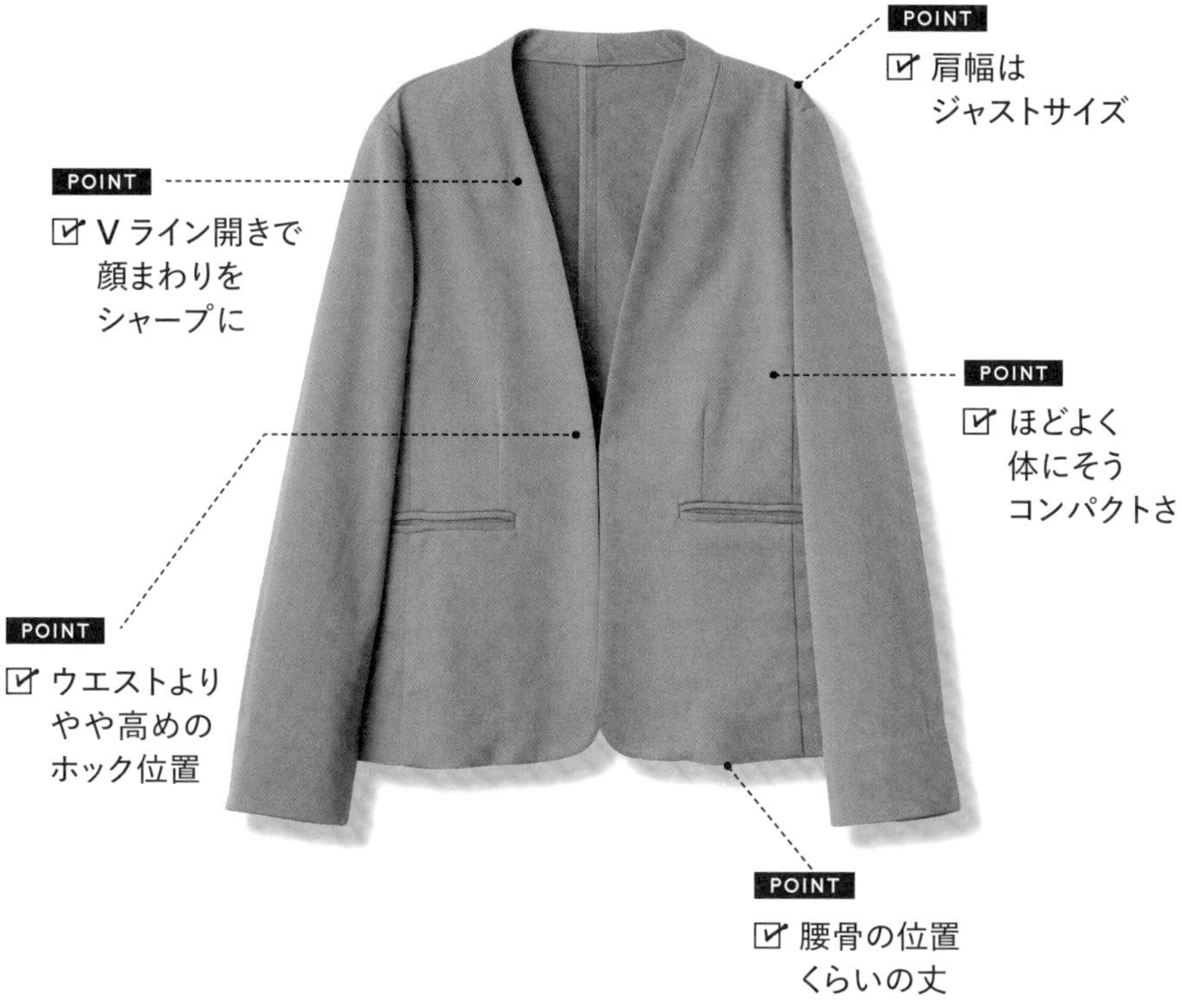
POINT
肩幅はジャストサイズ
POINT
Vライン開きで顔まわりをシャープに
POINT
ほどよく体にそうコンパクトさ
POINT
ウエストよりやや高めのホック位置
POINT
腰骨の位置くらいの丈

# 小柄のジャケットコーデ

## テーラードJK

甘めワンピにこそハンサムなジャケットを

1枚では照れてしまう甘めワンピにジャケットを合わせると、ちょうどいい女性らしさが表現できる。

| | |
|---|---|
| JACKET | COHINA |
| ONE-PIECE | UNIQLO |
| WATCH | CLUSE |
| BAG | KOBE LETTUCE |
| SHOES | GU |

V開きブラウスで抜け感と女性らしさをプラス

顔が明るく見え、女性らしさを感じさせる白のスキッパーブラウスをイン。カラーパンツで好バランス。

| | |
|---|---|
| JACKET | COHINA |
| TOPS | COHINA |
| BOTTOM | GU |
| EYEWEAR | OWNDAYS |
| WATCH | KOMONO |
| BELT | COHINA |
| BAG | VIS |
| SHOES | Odette e Odile for COHINA |

# 脱「リクスー見え」！大人の

## ノーカラーJK

ツヤ感のあるフェミニントップスとも相性抜群

スタンドカラーブラウスなら、品のいい華やかなコーデに。スカートの甘さもジャケットが中和してくれる。

| | |
|---|---|
| JACKET | COHINA |
| TOPS | UNITED TOKYO |
| BOTTOM | COHINA |
| NECKLACE | GU |
| WATCH | CLUSE |
| BAG | Riberry |
| SHOES | Odette e Odile for COHINA |

辛口パンツもノーカラーならしなやかに

オールブラックのクールなスタイルにやわらかい素材＆明るめ色のジャケットを加え、カッコいい大人の女性に。

| | |
|---|---|
| JACKET | COHINA |
| TOPS | SNIDEL |
| BOTTOM | UNIQLO |
| NECKLACE | H&M |
| WATCH | CLUSE |
| BELT | COHINA |
| BAG | COHINA |
| SHOES | COHINA |

# リアル着回しバリエ

## TOPS

**AYANEさん 148cm**

スカーフで華やぎをプラス

VARIATION - 1

かっちりジャケパンコーデにスカーフで女性らしさをプラス。華やかカラーもスカーフならとり入れやすい。

大きめメガネでカジュアルダウン

VARIATION - 2

ハズしアイテムとして黒縁メガネを投入。軽やかトップス合わせなら、まじめになりすぎない。

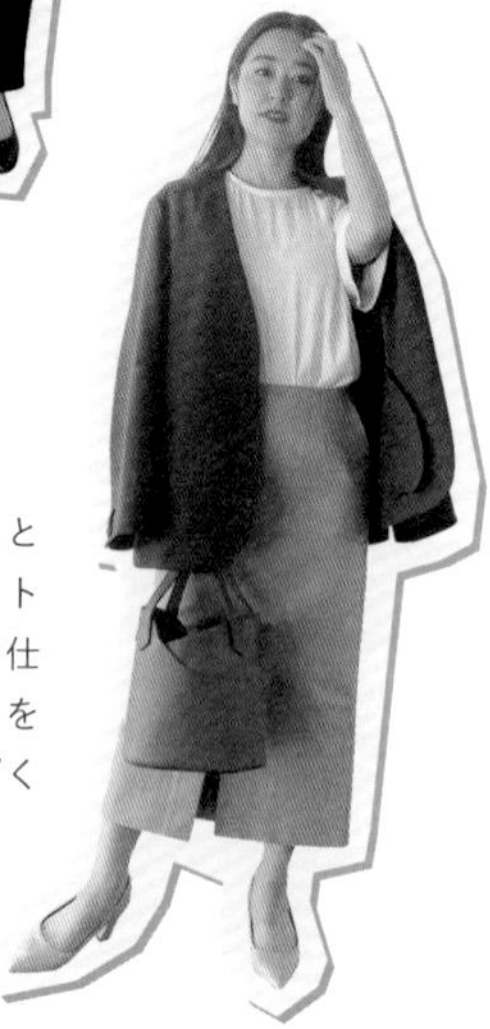

ノーカラーJKでエレガントな装いに

VARIATION - 3

Iラインスカートとノーカラージャケットの組み合わせはお仕事着の鉄板。色数を抑えると大人っぽく決まる。

白ソックスを合わせ遊び心をプラス

VARIATION - 2

甘めのトップスもブラウンの細身パンツのおかげでスウィートになりすぎず大人っぽく決まる。ふわピタのバランスで。

+ジャケットで大人カジュアル

# 小柄女子のお仕事服

## CARDIGAN

MIIさん 143cm

VARIATION - 1

パール調のボタンが並んだカーデは品のいいオフィスカジュアルにぴったり。羽織るだけで奥行きが出せます。

きれいめスタイルの定番コーデ

まろやかカラーを黒で引き締め

VARIATION - 2

同系色のボトムを合わせれば、縦のつながりが出てすらりと見えます。あけて着れば首元すっきり。

VARIATION - 3

コンパクトなサイジングなら、ボタンを全部閉めてブラウスがわりに。着回し力が魅力！

ブラウス感覚で1枚で着ても

## PANTS

HISAMIさん 155cm

VARIATION - 1

きれいめパンツならボーダーもカジュアルにならず大人に着こなせる。ソックスを合わせハズすのもあり。

ふわっとトップスで大人可愛く

VARIATION - 3

シャープな印象のVカラージャケットを合わせ、デキる女風に。トップスは白Tで軽やかにすれば抜けが出ます。

# でホメられスタイルに

## サロペット

華やかシーンこそミニマルデザインで

ツヤ素材やハリのある素材のサロペットは小柄の今どきパーティーコーデにぴったり。肌見せし小物は大人めに。

| | |
|---|---|
| SALOPETTE | COHINA |
| TOPS | H&M |
| EARRINGS | kikuseisakujo |
| NECKLACE | Danae∴ |
| BRACELET | Hh |
| BAG | GIRL |
| SHOES | RANDA |

## セットアップ

Iラインと濃色で品格ある着こなしに

全面レースとビッグカラーの甘めセットアップは、シルバーアクセとポインテッドトゥのパンプスで大人に。

| | |
|---|---|
| TOPS | COHINA |
| BOTTOM | COHINA |
| EARRINGS | GU |
| BRACELET | Danae∴、GU |
| BAG | Kana |
| SHOES | MANOLO BLAHNIK |

# 特別な日は「引き算コーデ」

## 濃紺ワンピ

濃紺ワンピで女性らしい抜けを

知的かつ上品な印象の濃紺ワンピは、セレモニーにも着回しOK。素材は動きの出るものを。

| | |
|---|---|
| ONE-PIECE | COHINA |
| EARRINGS | mimi33、Three Four Time |
| NECKLACE | GU |
| BAG | ZARA |
| SHOES | COHINA |

## ドッキングワンピ

フィット＆フレアのシルエットが大人フェミニン

ドッキングフレアワンピは、かっちりしたレザーバッグとシンプルなパンプスで甘さ控えめにすると上品。

| | |
|---|---|
| ONE-PIECE | COHINA |
| EARRINGS | kikuseisakujo |
| NECKLACE | GU |
| BAG | CELINE |
| SHOES | RANDA |

# 着ない」アイテムを投入

## 入学式・卒業式

フォーマルスーツが制服に見えがちな小柄さんには、抜け感が出せるセットアップやコクーンワンピがおすすめ。適度なハリや光沢感のある、高見え素材を選んで。

コクーンシルエットで小柄でもきまじめにならない

ワンピースならコクーンが◎。かちっとしすぎないしなやかな印象で高見えも。アクセもシンプルなデザインで上品に。

パンツのセットアップできちんとなのにこなれ感を演出

テーパードパンツならきちんと感が出せ、足首見せでスタイルアップ。ペプラムトップスならおなかもカバー。

# 子どもの行事には「大人しか

## 運動会・遠足

カジュアル度が強い服だとママなのに子どもに見えてしまうかも!? 子どもが着ないジャケットや、とろみ系や光沢感、透け感素材で大人っぽく。アクセやメイクで盛ることも忘れずに。

ここが大人
カットソーもツヤ素材なら一気に大人見え

カットソーやTシャツ、プルオーバーはツヤや透け感のある素材を。気張らない大人感を演出。

ジャケットをカジュアルにオン
ここが大人

とろみ素材のジャケットを羽織るだけで、スポーティなボトムやスニーカーでも大人見え。袖まくりもマスト。

# オケージョンコーデSNAP

## パーティー

SHIMAさん
152cm

COORDINATION
①

### パンツ＆レースでカッコよく決める

ハイウエストのセンタープレスパンツに、ショート丈のブラウスのセットアップ。幾何学模様のレースだから甘すぎない。

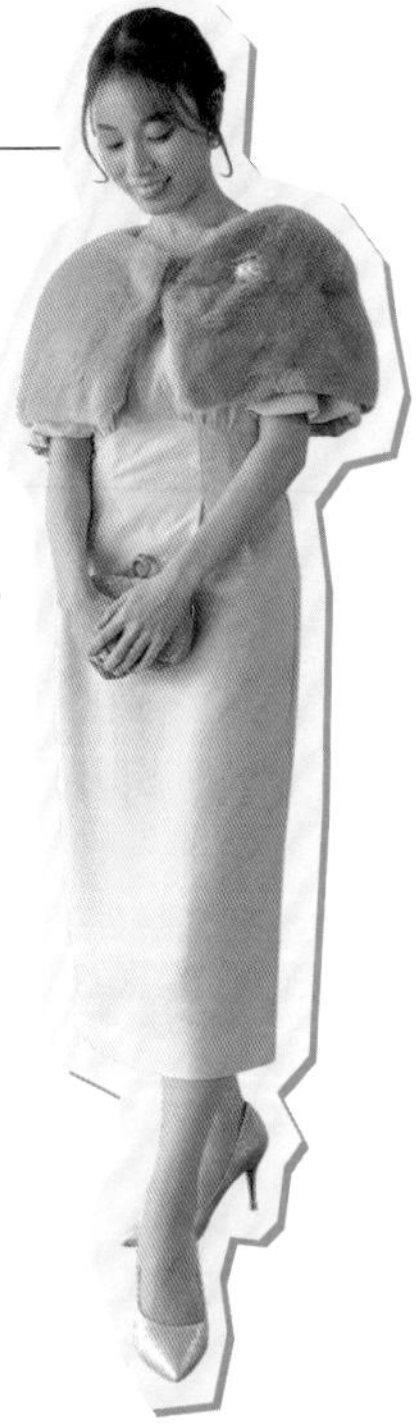

KIHOさん
153cm

COORDINATION
②

### 縦長シルエット×ファーで視線アップ

胸下での切りかえで脚長効果もあり、ほっそり見せてくれます。ファーで上半身にボリュームを出し、きゃしゃさをカバー。

MOEさん
150cm

COORDINATION
③

### ミニ丈で自然なXラインを

ふわっとしたミニ丈は、小柄が得意なシルエット。小物にゴールドやパールをとり入れて、大人の品格を演出します。

# 小柄女子が輝く！

## 子どもの行事

CHIHIROさん
149cm

COORDINATION
①

### 品のいいジャケットで頼れるママに

ツイード素材のノーカラージャケットとシアー素材のプリーツスカートでエレガントさと今どき感を同時にねらいます。

MIKIさん
152cm

COORDINATION
②

### 3首見えコクーンワンピ

卒業式や面接に活躍するコクーンシルエットのワンピース。濃色でもジョーゼット素材の袖が抜けを出してくれます。

HITOMIさん
150cm

COORDINATION
③

### 光沢感とレースで品よく華やかに

レースケープが華やかな印象のワンピース。きゃしゃな肩まわりがごまかせ、大人っぽさもきちんと感じられて重宝します。

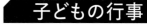

# LESSON 5

# ヘア＆メイクは
# ツヤを加える。
# 視線を上に誘導し、
# 大人っぽいあか抜け感を出す

／

小柄にとって、ヘア＆メイクは、悩みのタネ。
薄いと子どもっぽく見えてしまうし、
コンサバすぎるとちぐはぐ感が出てしまう……。
研究の結果、得た結論は、
「小柄のヘア＆メイクには“ツヤ”が必要！」。
ツヤがあれば、大人のこなれ感が出てバランスがととのうのです。
ややしっかりめのツヤを意識したメイクにし、
髪をコンパクトにつくり、視線を上げる。
少し意識するだけで、幼い印象が薄れて
カジュアルコーデもぐっと大人っぽく着こなせます。

# 女子メイクのキーワード

## ナチュラルでも手を抜かずツヤと立体感を出す

小柄さんの場合、幼い印象を避け、大人の女性らしい感じがきちんと伝わるよう、眉、目、リップ、どのパーツもややしっかりめにつくるのが正解。濃いめのリップでも派手に見えないので、赤リップなどにもぜひ挑戦してください。

もう1つのコツは、ツヤを出すこと。パールやラメ、ハイライトは必須。幼さが払拭でき、女性らしく、視線もアップ。

COLOR

POINT

### 小柄女子だからこそこっくりリップ

老けて見えそうなブラウン系や、派手になりそうな赤系の深みのあるリップも、愛らしい小柄女子なら難なく使いこなせます。カジュアル服も洗練された雰囲気に。

POINT

### トレンドカラーはネイルやアイメイクでとり入れる

服でとり入れるには抵抗があるカラーは、面積が小さいネイルで楽しんで。アイラインやマスカラなど、目元に少しだけとり入れても。

# 「ツヤ」「しっかり」が小柄

GLOSSY / TIGHTLY

POINT

### ☑ 眉毛はしっかり描く。立体感やカラーでトレンド顔に

小柄女子の眉は、やや太め、やや濃いめにきりっと描くのがおすすめ。眉マスカラでふさっと立たせたり、アイシャドウと同系色のカラーをのせ、しゃれっけを忍ばせて。

POINT

### ☑ ピンクは一点投入で。引き算が大切

幼く見えがちなピンクは抜けを出したい場所1カ所にしぼって。ほかのメイクはブラウン系で統一したり、服はダークトーンを選ぶなど大人見えバランスを意識して。

POINT

### ☑ ハイライト、チークで立体的に

小柄女子は、顔に立体感を出して大人に見せることもマストです。ハイライトやシェーディング、チークでメリハリを意識して。

POINT

### ☑ ツヤは絶対！

ラメ入りシャドウ、パール系のハイライト、グロッシーなリップなどで、子どもの顔にはないつやめきや輝きを足しつつ、視線を上に誘導して。

POINT

### ☑ アイラインは１ミリだけ長く描く

目元が丸っこいと子どもっぽい印象に。かといって、長すぎアイラインはちぐはぐ。正解は目じりを1ミリシャープにのばすこと。キリリとした大人の目元に。

# が小柄女子を輝かせる

## 立体感を出す、ツヤを意識するを習慣に

「見る人の視線をできるだけ上に上げる」は、ヘアでも重要な小柄ルール。

ショートやボブはふわっと立体感を出し、ロングはゆるく巻いて動きを出し、視線を上へ。まとめ髪はヘアアクセを使うのも◎。

いずれの場合もヘアアイロンやスタイリング剤でツヤを出して。一気に大人見えするうえ、トレンド感も加えられます。

GLOSSY

POINT

☑ ワックス、オイルでツヤを出す

保湿系のヘアワックスやヘアオイルで乾燥を防ぎながら、ツヤッとさせるだけで大人っぽさと清潔感が出せます。毛先からつけるとベタついて見えません。

# 「視線上げ」「ツヤ」

LOOK UP

POINT

### ハチまわりは タイトにして小顔に

ハチ張りは頭が大きく見える要因です。まとめ髪をしたときにハチまわりはくずさず、後頭部にふくらみを出すとバランスのいい小顔に。

POINT

### 顔まわりのおくれ毛は あご下がベスト

輪郭を引き締めたいならおくれ毛を残してあげて。毛束を細くとり、アイロンで巻くとこなれ見え。

POINT

### シニヨンで 重心を上へ

ロングヘアの人は、髪をまとめると視線が上へいくので、すらりとした印象になります。結ぶ位置が高すぎると子どもっぽくなるので注意を。

# 基本の保湿ケアを毎日きちんと。肌のツヤが小柄に自信をくれる

SKIN CARE

## うるおった肌は小柄に輝きをくれる

小柄さんにぜひがんばってほしいのがスキンケア。うるおいとハリのある肌は、小柄のピュアな輝きを引き立ててくれ、自信にもつながります。

　私自身ずっとニキビに悩んで、鏡を見るたびがっかりしていました。食事や生活習慣を見直し、スキンケアにも力を入れたことで徐々に改善、気持ちも前向きに。ご参考までに、私の愛用ケアアイテムをご紹介します。

# 自信をくれる保湿アイテム

### 3. エスト
**ザ ローション**

とろみが強い化粧水で、極度な乾燥肌の私でもしっかり浸透してくれます。肌がゆらいでいるときはライン使いをしています。

エスト ザ ローション 140ml 6,600円／花王

### 1. ミノン アミノモイスト
**モイストチャージミルク**

乾燥肌なので、夏でもうるおい力が高いスキンケアが欠かせません。コスパがいいのもお気に入りです。

ミノン アミノモイスト モイストチャージミルク 100g 2,200円（編集部調べ）／第一三共ヘルスケア

### 4. ファミュ
**ローズウォーター スリーピングマスク**

忙しくても塗って寝るだけなのでラクにお手入れができます。韓国コスメはパッケージまでキュンとする可愛さなのがいいですね。

ファミュ ローズウォーター スリーピングマスク 50g 4,620円／アリエルトレーディング

### 2. メルヴィータ
**ビオオイル アルガンオイル**

洗顔後、顔をふく前のぬれた状態でオイルをつけると、ふっくらとやわらかい肌に。うるおいのためにオイルは欠かせないアイテム。

ビオオイル アルガンオイル 50ml 4,290円／メルヴィータジャポン

# LESSON 6

# コヒナーさんと考えた、小柄女子のおしゃれのこと、生き方のこと

／

この本をつくるにあたり、
なんと、1,000 人近くのコヒナーさんがアンケートに協力してくれました。
このパートでは、お聞かせいただいたお声の一部をご紹介します。
ほんとうは全部ご紹介したいくらい、
「わかるわかる!」「参考になる!」というお話ばかり!
小柄さんはみんなたくさん悩みながら、
自分らしい輝き方を見つけてきたのだなあと、胸が熱くなりました。
そんな小柄さんたちとつながれたことは奇跡だなと、
あらためて、ほんとうにうれしく思います。
コヒナーさんたち、これからもいろいろお話ししましょうね!

CUSTOMER VOICE 01

# “小柄といっても体形はいろいろだよね”

## がっちり体形

上半身ががっちりしているので、肩まわりにボリュームのある服は避けがちですが、着たくなったときは**フレアスカートと合わせて下半身にもボリュームを出す**ことによって、バランスをとっています！（かすみさん／148㎝）

全体的にガタイがいいこと（肩幅広い、上半身厚め、ムチムチしてる、脚が太い）**→大きく見えるところは暗めの色のお洋服を選ぶ、首まわりがほどよくあいているデザインを選ぶ、サイズが合うものを選ぶ。**（まりさん／150㎝）

上半身は薄いのに肩幅が広いことが悩みです。**セットインスリーブまたはラグランスリーブのような切りかえのないもの、切りかえのラインが肩からかなり落ちたラインにあるもの、肩が直線に切られているノースリーブで肩を出す、**などを意識してます！（りのさん／149㎝）

骨格ストレートなのもあり、あまり低身長らしくなくて、なんだかどっちにもなりきれないような気持ちがあります。振り切って好きな服を着ますが、トップスかボトムスどちらかは**骨格ストレートに寄せたものを着てつじつまを合わせます。**（あずきさん／147㎝）

## 上半身薄め

上半身が薄め（バストもない）。トップスは**デザイン性のあるものや、ボリュームのあるものを意識**して選ぶようにしています。（のんちゃんさん／150㎝）

## ぽっちゃりめ

全身脂肪がつきやすく、二の腕、おしり、太ももがぽよぽよ。くびれは一応あるので**細ベルトやリボンなどでウエストマーク**して、細く見せる工夫をしたりもします～。（Meiさん／152㎝）

ジレやベストは、**1枚で私の気になるところを全部カバー**してくれる！（nao.151さん／151㎝）

## ずんどう

胸もくびれもあまりなくずんどう体形なので、シンプルな洋服は子どもっぽくなりがちです。**生地をきれいめにしたり、ボリュームのあるボトムにトップスをインしてメリハリをつける**ように心がけてます！（akikiさん／149㎝）

## 腰張り

腰骨と大転子が張っています。ハリ感のある素材のマーメイドスカートや、**セミワイド系のデニムに、コンパクトなトップスを合わせる**とバランスよく見えるので、意識して選んでいます。リブ素材のスカートやパンツは避けてます。私は典型的なストレート体形なので、ジャストサイズを選ぶ！これに限ります。COHINAと出会う前はジャストサイズという概念がなかったので、ほんとうに感謝しています。（高瀬伶奈さん／149㎝）

## ウエストと**ヒップ**の差がある

ウエストは細めなのにヒップが大きいので、ふんわりシルエットのスカートは事故ります。できるだけ、**タイトまたは下にストンと落ちるようなシルエットのボトムを選ぶ**ようにしてます！

COHINAのセンターシームカットワイドパンツは、ワイドなのにスタイルよく見えます！（ちかさん／143㎝）

## 胸の位置が下

**首が詰まりすぎてないものを選ぶ。**（まゆぽんさん／153㎝）

## 胸が大きい

胸がわからないくらいゆとりのある服か、もしくはぴったりラインが出る服を着て、**中途半端な服を着るのをやめました。**（りなさん／151㎝）

## もも張り

もも張り。ウエーブ体形で腰位置が低い分、脚が短く見える。**ブラックスキニーなど暗めのボトムで引き締め効果**をねらう。ピタッとしたパンツはいい意味で体形が出るので、セクシーさを演出できる。**ヒール高めのパンプスを合わせて女性らしさを出す。**（Risa★さん／150㎝）

## 頭が大きく見える

ボトムはできるだけ**ロング丈を着て、下に重心をもってくる！**　ミモレ丈より頭が小さく見えるように感じます。（りのさん／149㎝）

## 手足が短い

手足が短く、ダボッとしたシルエットのお洋服を着ると着られている感が強いので（笑）、なるべく**ウエストがしぼってあるお洋服や、トップスかボトムどちらかをピタッとしたシルエットにして、メリハリをつけて**います。シルエットや丈感など、1ミリ変わるとほんとうにぐっと印象が変わるので、なるべくこだわるようにしていて、そういう意味でもCOHINAやSTRATAのお洋服はほんとうに愛用させていただいています。（Eriさん／149㎝）

## 大人体形

44歳です。小柄で童顔なので、フェミニンなスタイルは若づくり感が出てしまう気がして、**髪形もショートにして、カジュアルで辛口な要素をとり入れる**ようにしています。（ゆうこさん／152㎝）

上半身が薄いのに、加齢に伴い、下半身だけむくむくとボリュームが出てきています。**首・手首・ウエスト・足首の細さを強調して勝負**します笑（meiさん／152.5㎝）

最近、低身長向けのブランドが日の目を見るようになり、中年になってやっと、**サイズの合う既製服を着られる幸せを手に入れました。**サイズではなくカラーやデザインで選べることがこんなにうれしいなんて。若かりし日をとり戻すように、めったに合うサイズを着られなかったワンピースを着まくっている私。幸せです。小さい子どもからはおばちゃんと呼ばれる年齢になったけど今がいちばんおしゃれが楽しい。その服似合うね！　すてきだね〜。そんなふうに言われることもしばしば。うふふ、そうでしょうよ、だって**サイズがぴったり**なんだもの……。（ぽんたさん／151㎝）

## 産後体形。

もともとはやせ型で全体的に細かったですが、産後なのと年齢もあり、上半身は薄いけど下半身がややがっしりという体形に。丈の長いもので隠すのもアリですが、個人的にはすっぱり見せちゃうのもアリだなと思ってます。**COHINAのマーメイドスカートなどは、若いときよりも今のほうが、大人可愛い感じに着れて満足**してます。（a_sachakoさん／152㎝）

## 車いすユーザー

私は生まれつき体が不自由（下半身の障害）で、太ももにすごく筋肉や脂肪がつきやすくて太く、逆にひざから下は太ももにくらべて極端に細い（筋肉がつかない）というやや特殊な形をしています。また、装具と呼ばれる特殊な靴が見えてしまうため、**ひざ丈やミモレ丈などのスカートは下にデニムなどを合わせて着こなしています！**（ルナールさん／146.5㎝）

CUSTOMER VOICE 02

# “小柄女子のおしゃれの知恵”

ワンピースは基本的に**ウエストマーク**して着ます。ウエスト位置が低い場合は太ベルトで本来の切りかえを隠しつつ、**ウエスト位置を高く見せています！**（maripokeさん／152㎝）

ワンピースはとにかくウエストマーク。**ベルトループを無視して、自分のウエスト位置でギュッと留めちゃいます！**（つのめさん／150㎝）

とにかく服は**そのままで着ない！　袖をまくったり、ブラウジングしたり、フロントだけトップスin**したり。そして客観的に見るのが大事！　写真を撮ってもらって（できれば自撮りではなく）、さらに動画で全方位から見て、よーく研究する。（Suikoさん／150㎝）

「**ウエストを高い位置に設定する**」がポイントだと思います。ウエストマークのないワンピなら**ベルトをしたりウエストポーチを斜めがけ**したり、丈が長めのジャケットなら、**中に着る服をハイウエストのもの**にする！（ひなたさん／147㎝）

ジャケットは一歩まちがえると制服みたいになってしまうので、**コーデ全体の色合いをブラウン系や淡いトーン**にして、大人っぽく◎。（さおりさん／148㎝）

ジャケットがほんとうに大好きなのですが、**袖をまくってバランスをとる**ことが多いです。やっぱり試着大事！　身幅・肩幅・丈感！　生地の厚さや中に合わせる洋服に応じて**ジャストサイズかややオーバーサイズにする**ようにしてます。（綾香さん／149㎝）

ジャケットのときはなるべくスニーカーやキャップを合わせて、カジュアルに。**かっちりしすぎないようにする**と、日常使いしやすいかな、って思います☺（綾香さん／149㎝）

脚長効果のために、**ボトムとシューズは同系色になるようにコーディネートを組む**ようにしています。白パン×白スニーカーなど。（まーさん／151㎝）

コヒナーの中でも身長が低いほうです。お直しに出して、形が変わることも個性だと受け止めています。足のサイズも小さいため、**ぴったりの靴があればストック**したり、**かかとがすり減ったときはお直しに出したり**します。（chibikaさん／135㎝）

**丈が合うものを選ぶ**こと！　なかなかないので、一点を大事に大事に使います。（まいさん／143.5㎝）

**サイズ感を大事に**しています。ぴったりサイズだと、それだけで自分の気持ちも上がります。（アカオさん／148㎝）

**アイシャドウに赤やピンクなどの色をとり入れて大人っぽく**するのがオススメです♡（mayuka153さん／153㎝）

お洋服はもちろん、**アクセやバッグ選びもサイズ感との勝負**。1アイテムでも「これだ！」と自信を持って身につけられるものをまといたい。トータルで見たときの美しさをいかに作り出すか、日々悩みながら、探しながら……。大胆に見せてしまったほうがスタイルよく見えるコーディネートもあるので、そういうときは**「これは私に似合ってる！」のマインドで着たい服を着ます！笑**（シホさん／147㎝）

私は昔から**小柄は武器**だと思っています！　スニーカーをはいて小さく可愛く見せられるし、ヒールの高いパンプスをはけば、セクシーにもなれる！（k.kさん／151㎝）

服のサイズ感は絶対にこだわっています。小柄ゆえ数センチでも全く印象が変わるので、デザイン的に気に入っても**サイズがしっくりこないものはお直しに出して着ています**。（yokoさん／141㎝）

子どもっぽく見られないように、**オールバックや後ろでひとつにまとめる**など、**大人っぽくカッコよく見えるようにヘアセット**しています。（ヒトミさん／146㎝）

**上のほうでおだんご**にする。ハーフおだんごは、まずまずな年齢になってもできる**小柄女子の特権**だと思う。（友映さん／148㎝）

ストレートにおろすだけではなく、**巻き髪にしておろしたり、ポニーテールをしておくれ毛を出したり**など、少し手を加えて大人っぽくなるように意識してます。（あやこさん／143㎝）

ヘアオイルで**こなれ感と、大人っぽさ**を出します！（ちかさん／143㎝）

アップスタイルもすてきですが……**頭をなでたくなるようなサラサラヘア**☆も小柄さんには似合うと思います。（あおちさん／150㎝）

私は童顔なので、**眉毛サロンでプロにととのえてもらって大人っぽく**。毎日のメイク時間も時短になるのでオススメです。（ナナさん／148㎝）

**印象をはっきりさせたほうが小さい印象にならない**と思うので、大きな目に見えるようメイクします。（みゅーさん／153㎝）

＼小柄女子とつながれる♡／

**インスタライブも毎日！**

## COHINAのインスタで着こなしのコツを発信中！

新作情報や着こなしのコツを発信中！　365日開催中のインスタライブではライバーさんやコヒナーさんと盛り上がってます！

CUSTOMER VOICE 03

# “小柄女子による小柄女子のためのオススメアイテム”

**COHINAのオケージョン用ドレス**は絶対ほめられるし色も形もかぶらない。**UNIQLOのモックネックニット（サイズはXS）**は、鮮やかな色を選ぶと顔色もよく見え、ボトムスにインしてもアウトしても問題ない。キッズサイズにはない質感と色合いもすてきです。（えりさん／140㎝）

**ヘアアクセサリーは高見えするもの**をつけたほうが大人っぽくなっていいです。（peq149さん／149㎝）

**COHINAの服と、GUのXS!!**（笑）（ちなみさん／149㎝）

**COHINAのフルーツカラーフレアワンピ**はスタイルアップします。絶妙な袖丈で、子どものだっこで鍛えられたママさんの二の腕をカバーしてくれますし、丈もベストです。（えながしんさん／144㎝）

**COHINAアイテム同士**であれば、丈感が合っているので、どれを合わせても可愛く、カッコよく着られると思います。（a_sachakoさん／152㎝）

**ナイキのエアマックスココ!!**（yukaさん／147㎝）

**ベレー帽、ボディバッグ、透け感のあるサンダル**（まるさん／150㎝）

足幅がBと細いので、ぴったりはける靴をさがすのがたいへん。**オーダーで作ってます。**（あーちゃんさん／152㎝）

**短め丈のベスト**はアクセントにもなるしいろんなコーデに使えるので重宝しています！（みかさん／154㎝）

**ソックスブーツ！** 普通のブーツよりきゃしゃ見えするので、小柄としてはバランスがとりやすいです。（シホさん／147㎝）

**帽子**で目線アップ！ COHINAで初めてぴったりサイズの帽子に出会いました。（絢世さん／145㎝）

職業柄、こったネイルはできないのですが、ツメはピカピカにしています。**無印良品のクリアレッド**がツメをきれいに見せてくれ、意外とこれがほめられます。（まこりんさん／148㎝）

足が小さいです。**ZOZOMATで足のサイズを正確にはかり、合う靴を選ん**でいます（けだまちゃんさん／146㎝）。

**COHINAのちびぱー（ちびパーカー）！** 全小柄さんに着てほしい。（ゆずぽんさん／152㎝）

**COHINAのオーバーサイズ系の服**は小柄にとって貴重すぎます！（ぴょすさん／154㎝）

フリーサイズのワンピースは襟ぐりがあきすぎているため、中にタートルネックを着たり、**COHINAのちびパーカー**を着たりしています。穴のないベルト（最近3COINSで購入しました）は、穴がないので追加で穴あけなどの手間もいらず、つけていてもゆるくもならないのでオススメです。（hagumikoさん／153㎝）

COHINAのライバーさんたちを見ていて、**ピアスなどの小物**は大人っぽく見せるためにも視線を上げるためにも大切だと気づきました。あとカジュアルな服で、バッグや靴もきれいめのものを合わせたほうがいいなと思います。（かおりさん／152㎝）

**薄型の財布**です。小型バッグに入れて軽やかになれます。（めいさん／150㎝）

**COHINAのコート**、そして、**着物**です。着物は工夫すれば小柄な私たちでもうまく着ることができます。（ちなさん／150㎝）

**H&Mの32サイズ**（ちょっと大きめ）。（Risa★さん／150㎝）

**厚底シューズ**。特にステラマッカートニーがおすすめです。（mocoさん／151㎝）

短めに斜めがけできる**メッセンジャーバッグ**（ボディバッグ）。目線が上にいくし、コーデのアクセントにもなります。（みみさん／147㎝）

**ナイキのエアマックス**。足元は少しゴツめのスニーカーがバランスとれて◎。（あやさん／149㎝）

**帽子！　イヤーカフ！　マフラー、ストールなどの巻き物！**　メガネもおすすめです！　視力が悪いのですがコンタクトにせず、メガネでも洋服と合わせて楽しんでます。（綾香さん／149㎝）

**ノースリーブ！**　小柄に似合ううえに大人っぽく見えて最高だと思ってます！（MAYUさん／146㎝）

小花柄が似合うのは小柄の特権だと思うので、よく着ます。特に**COHINAの小花柄**はほかにはないデザインでおすすめです。（mieさん／150㎝）

私は30代なので、**ガードルなど下着**に気をつけるとあか抜ける気がします。（machi_150さん／150㎝）

**マルイのラクチンきれいシューズ**。機能性が高く快適、デザインもトレンドを押さえている、価格も手ごろ。（あずさん／147㎝）

**メンズライクなアイテム！**　小柄女子だからこそ可愛く着こなせます！（ユウナさん／153㎝）

**ヒール靴。ヒール苦手な人もブーツならはきやすい**と思う。靴やバッグで印象が決まるところもあるので、大人っぽいチョイスが大事。（nchさん／149㎝）

**COHINAのLAB. T**です。あんなにきゃしゃ&小さく見えるのに体のラインがきれいに見える！　感動しました。（Kuromameさん／146㎝）

**SHIPSの子ども服**は160センチまであるので、デザインも色も可愛いですし、おすすめです。（優子さん／149㎝）

**ジャストサイズのワンピース**は小柄の可愛らしさを出せると思います。（さおたさん／149㎝）

（華やかな場所では）**着物**です。洋服は西洋人の体形（ある程度の体格）を前提とした衣服なので、そのほうが映えるという事実があると思います。だから、**華やかな場ほど、着物を飛び道具として使うといい**と思ってます（去年から練習中）。（こなつさん／144㎝）

**キャップ**。小柄さんは骨格もきゃしゃな人が多いので、髪をまとめてキャップをかぶると可愛いなぁと思います。（かずあおママさん／149.5㎝）

CUSTOMER VOICE 04

# “小柄あるある！ 小柄でよかったこと 悩んだこと”

子ども服が入るので子どもとおそろいコーデができます。（えながしんさん／144㎝）

最近着つけを習っているのですが、**アンティークの着物は小柄な人のほうが種類があるからうらやましがられる**と聞いて、あらためて小柄でよかったと思ったところです。（コムさん／149㎝）

**洗濯機の底に手が届きません**（；；）（ちかさん／143㎝）

**既製サイズの服はブカブカ**なので、試着室で「いかがですか～?」と聞かれるのが**恥ずかしい。**（まーさん／151㎝）

**少しの体重変化で太って見える。**初対面でも**人に覚えてもらいやすい。**（K.Hさん／143㎝）

**飛行機や新幹線の上の棚が届かない**ので、荷物は足元へ。満員電車は息できない!!（如月さん／152㎝）

テーマパークのパレードは、**前を陣どらないと全然見えない**（笑）（akikiさん／149㎝）

学生のころ、**黒板の上に手が届かなくて困りました笑**（Rinaさん／144㎝）

テーブルやキッチン**がちょっと高いだけで使いづらい。**（ゆうさん／147㎝）

靴が小さいから**シューズボックスにたくさんの靴を収納できる！**（myuuさん／154㎝）

電車のつり革が届かないけど友達や恋人に、**「腕つかんでいいよ」「角あいたよ」って言ってもらえる。**（aaachn144さん／144㎝）

電車ですわってる方の前に立つとき、目線が近くて気まずい。（あやかりんさん／148㎝）

組体操で**上に人が乗らないから痛くなかった！**笑（静さん／153㎝）

**人に覚えてもらいやすいこと。**以前夫に知り合ったときのことを聞いたら、「小さくて目立ってた」と言われたことが、唯一小柄でよかったと思ったことです。笑（高瀬伶奈さん／149㎝）

**カウンター席のイスが高くて苦手、**パン食い競走不利。笑（ぽにーさん／144㎝）

マスコット的存在として**可愛がられることは**、うれしくもあり悩みでもありました。（めいみさん／147㎝）

周囲から傷つけられる言葉を小さいころから言われているので、ちょっとのことではめげない粘り強さがつきました。（chibikaさん／135㎝）

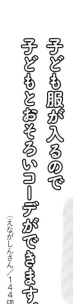

## 小柄は可愛いです!!
## ちびって見下されているみたいでいやだったけど、今は吹っ切れて可愛い!!
## って思うようになりました笑

（ふみさん／149cm）

身長差のある人と歩くと、大きい声で話さないと聞こえなかったり、隣にいるのにさがされてたり(笑)

（みずほさん／145cm）

中学入学の準備で、**制服のサイズがなく**、見本で飾られてたものを購入。（a_sachakoさん／152cm）

**いつも背伸びしている**せいか、ふくらはぎの筋肉がやばい；；（みなみさん／144cm）

**体に合う服・靴・帽子がなく、フラッと買い物した程度では買えない。**ショックだったのは就活のスーツ選びです。10年ほど前なので小さいサイズというものがほぼなく、3.5号サイズが見つかっても襟元の作りは大きく丈は長く、自信を持って就活をすることができませんでした。はかま選び、レンタル浴衣選びも、まわりの人はたくさんある種類の中から好きな色、柄を選べるのに、私はみんなの10分の1くらいの種類の中からしか選ぶことができず、とても悲しかったです。旅館の浴衣・館内着もだいたいM、Lサイズしかなくていつもパジャマ持参です。旅館で浴衣着て写真撮ることは毎回あこがれてしまいます。（えりさん／140cm）

小柄で可愛いと言われるが、学生に見えてしまい**お酒を買うときに身分証明が必要**(笑)（まなまなさん／150cm）

## 夫が小柄な子が好きで一目ぼれされました…笑

（なのさん／150cm）

CAになりたかったけど、**身長制限がある会社もありました**。証明写真を撮るときのイスをめいっぱい上げても背筋伸ばしても、写真の顔わくに合わないときがあって、中腰で撮ったことがあります。笑　**道を聞かれる率が高い**気がします。（しおりさん／151cm）

旅館やホテルにある**浴衣やルームウエアがいつも大きい**。（こつぶままさん／146cm）

コンサートやライブで**アリーナ席とかだと確実に見えない**ので、後ろのほうからながめてます…。（なちゃんさん／146cm）

# 集合写真で埋もれがち。

（カナさん／153cm）

**人に威圧感与えない、やさしく見られる。**ずっと保育士の仕事をしてますが、人見知りされたことがない、腰を痛めたことが一度もない!　高身長のかたは痛めやすいのです。（かよさん／ちょっと背伸びして151cm）

**海外留学してたころ、小学生だと思われること**がわりと胸にグサグサきてました（笑）（シホさん／147cm）

みんながかがんで通るところは**たいていそのまま通れます**…笑。（ぴょすさん／154cm）

**あまり面識がない人からも「小さい人」で特定される笑。**（彩さん／148cm）

**26インチの自転車が乗れない!**（ちあきさん／146cm）

**隠れるのが得意(笑)**（らいすさん／149cm）

CUSTOMER VOICE **04**

# ライオンキング、キリンの頭しか見れなかった。

（倉原幸恵さん／145cm）

アラフィフなので、社会人になったころは21cmの靴なんてなくて、世間は自分を一人前のヒトとは認識していないのだな、とあらためて思いました。規格外であることで、ぼんやりとした疎外感というか、仲間はずれ感というか、どうせあんたたち（世の中全般）は私なんて目に入ってないんでしょう、みたいなうっすらとしたひねくれ感をいだいたりしたこともあります。でも今となっては、**マイノリティである部分を持っていることにより、そのほかの点であたりまえと思っていることでも同様に、マイノリティである人々がいると気づける可能性が高くなったであろうことはよかった**と思っています。（なおさん／147cm）

エコノミーでも**足伸ばしほうだい！**笑（スンスンさん／142cm）

つり革が高くてつかまれず、**急停車で吹っ飛んでしまったり**したこと。（みみさん／147cm）

**三輪車競走とか強かった**です。笑（りくりくさん／150cm）

サイズ的に選べない服も多いので、散財を抑止できてると思います笑
これだ！と思って買った服は
愛着をもって長く着ることが多いです。
（かなさん／152cm）

満員電車で人のわきの下にきてしまうこと。よかったことは、**人の外見を悪く言わないという意識を持てたこと。**写真撮るときに、前行きな！と優先してもらえること笑　**知らない人から、満員電車やライブで心配してもらったことがあり、その感動はずっと忘れません。**（fumiさん／141cm）

悩んだことは、**スポーツをするにおいて不利**なことが多くてくやしい思いをしたこと。身長のせいにしてしまう自分もいやでした。**小さいことも自分のアイデンティティ**だと受け入れられてからは小柄でよかったと思いました！（chika148さん／148cm）

**満員電車で頭上でパンを食べられたり新聞を読まれたり**、スマホを操作されること。私の頭上はあなたのスペースではない！とよく不快になります……。（山口眞帆さん／147cm）

**飛行機の枕の位置が合わない。**最近はボルダリングの石に手が届かずくやしい思いをしています。（CHIERIさん／145cm）

電車や駅で急いでいるとき、**人と人のすき間をすり抜けて歩くこと**ができます！　自分なりの時間短縮です笑（ぽんぽこりんさん／146cm）

主人は185センチで、夫婦の身長差は45センチです。この身長でよかったことは、主人が**このサイズ感がすてき**だと言ってくれることです。私にはコンプレックスですが、主人はほめてくれるので、、、「いっしょに似合う服さがそう！」と買い物でもいっしょに悩んでくれます……。私より主人のほうが絢子さんのYouTubeとか見て勉強してくれています（笑）（オリーブグリーンさん／140cm）

**同じ部屋の広さの物件に住んでいても、私のほうが世の中の人より広く使えてる☆と思えることです笑**

（りのさん／149cm）

電車のシートにすわるとき、**かかとを浮かせてつま先立ちにしないとひざに荷物を置けない。ごはんをかってに減らさないで。食べれるから、普通の量。**でも必要な摂取カロリーが170㎝の人にくらべると朝食分くらいは少ないのがくやしい。低めのパーテーションだと頭が出ない。「**あいつどこ行った？**」**ってなってちょっとめんどう。**（ぽんたさん／151㎝）

TSUTAYAの高い位置にある**DVDがとれなくて借りるのあきらめました。**（ことはさん／150㎝）

# トイレのかばんかけに手が届かない。

（くみこさん／151㎝）

童顔なのもあって、電車で隣にすわった知らないおばあちゃんに「**うちの孫に似てる**」と言われていろいろお話をしてほっこりしたこともありました！（あやみさん／142㎝）

## よかったのは、前ならえでいつも腰に手を当てる人なので疲れにくいこと！笑

（yukariさん／148㎝）

お洋服はお店にたくさんあるのに、サイズの合うお洋服や靴が見つからない、可愛いと思っても着られない、たくさんの選択肢が用意されているのに、自分に向けての商品は用意されていないのか、となんだか悲しくなることもありました。反対に、それまでたくさん悩んだからこそ、どうしたらうまく着こなせるのか研究したり、試着を繰り返して、**しっくりくるものに出会えたときのうれしさ、幸せが人一倍**なことがよかったことかもしれないです。（michocoさん／143㎝）

## 60代の今でもかなり若く見られることが多いかな。

（ゆみちゃんさん／142㎝）

よかったのは、小さなサイズも扱うアパレル店員だったのですが、**同じ悩みを持つお客さまと小柄あるあるを共感**できたり、自身の小柄悩みを生かしたスタイリング提案でおしゃれが楽しくなったと言ってもらえたことです！悩みはなかなかジャストで着られるルームウエアがないことです。（emiさん／151㎝）

洋服屋さんで高いところにかけてある服は、買う気満々じゃないと**店員さんにとってもらうのを頼みづらい。**（ゆうなさん／148㎝）

海外に住んでいたのでほんとうに服選びに困りました。その分子ども服は余裕で入ったので、**身長が低いと少しお得かも！**と思い、ポジティブチューニングしてました。笑（澤村萌さん／150㎝）

背が大きい人と**目が合わない**（合わせるのがむずかしい）です。（みぴさん／147㎝）

悩んだことは、**仕事の条件に高身長を求められること**が多いので、応募すらできないことがある。よかったことは、どんなに高いヒールをはいても、男性の身長を超えることはないことでしょうか（笑）（牛尾チャコさん／152㎝）

# LESSON 7

# 私のこと、おしゃれのこと、そしてCOHINAのこれまでと、これからのこと

／

私はけっしておしゃれ上手だったわけでもなく、
正直、センスもありませんでした。
洋服は好きで、おしゃれをしたいというあこがれは強くありましたが、
「小柄だから」を言いわけに、
その思いにフタをしてあきらめていたところもあったかもしれません。
そこから抜け出せたきっかけ、心の変化、
COHINAを始めてからのこと……。
ちょっとだけ、聞いていただけるとうれしいです。

| | |
|---|---|
| **TOPS** | COHINA |
| **BOTTOM** | COHINA |
| **EARRINGS** | ENELSIA |
| **SHOES** | DIOR |

MIND 1 - feel

# 小柄は一生モノの個性。<br>自分らしさ。<br>ありのままを受け入れて<br>愛しながら生きていく。

小柄で身長に対し脚が短い、顔が大きい……そんなコンプレックスだらけだった以前の私は「体形がバレない服」ばかりさがしていました。

けれどCOHINAの立ち上げ時に小柄女子に似合う服を研究し続けた結果、考えが変わりました。今後背が伸びることはない。小柄は一生つきあっていく個性。着たい服があるなら、私らしく工夫して乗り越えようと。

だれだってコンプレックスはある。こわがらずに服をたくさん着てみる、小柄ならではの魅力を見つけ、着こなしの数をふやす。そうすることで、おしゃれをポジティブにとらえられるように。

MIND 2 - find

# コスプレ感覚で服やメイクを試すうちに、「好き」と「似合う」のバランスがとれてきた。

休日とお風呂前は、私にとっておしゃれやメイクの研究タイム。

休日は家で、あこがれてはいるけど着こなせるか不安なコーデにも挑戦します。誰も見ていないから何を着たっていい！　もはやコスプレ感覚で、あれこれ着ています。

お風呂前は新しいメイクやヘアを試す時間。似合わなくてもハデになってしまっても、お風呂で流せるから大丈夫！

その積み重ねで着こなせるものがふえ、おしゃれの幅が広がり、「好き」と「似合う」のバランスがとれてきました。年を重ねれば重ねるほど、おしゃれが楽しいです。

MIND 3 - select

# 1週間分まとめてコーデを決める。おしゃれと自分自身を俯《ふ》瞰《かん》できるようになる。

日々のコーデは、休日に1週間分まとめて決めています。予定に合わせてまずメインアイテムを決定。いっぱい歩く日だからスニーカー、雨予報だからブラックスキニー、クラシカルなカフェで打ち合わせだからレディなスカート。そこからベッドの上でコーデを決め、写真におさめます。朝は再現するだけ！

この方法は、出番の多いアイテムを把握できるのもメリット。お買い物のときは、画像を保存しておいたスタメン服と合うかどうかをチェック。出番の少ないアイテムは断捨離へ、と判断もスムーズ。手持ち服を理解することは自分を理解することでもあると思っています。

MIND 4 - personality

# なりたい自分をあきらめない。

おしゃれを楽しめるようになった今、感じているのは「誰にでも、何にでもなれる」ということ。以前は似合わないものが多すぎて、楽しいはずのお買い物も流れ作業になってしまっていました。でも、小柄を理由になりたい自分をあきらめる必要など、なかったのです。

私は定期的にピンタレストで「なりたい自分さがし」もします。コーデだけでなく、物や風景などどんな画像でもＯＫ。好きだなと思う画像をピンしていると、今ページュが気分、今期はレディな印象が好み、と自分の「好き」の解像度が上がり、とり入れるべきものも定まってきますよ。

MIND 5 - confidence

# 「似合う」を知るために、写真を撮る。SNSでの対話も、モチベーションに。

私は、毎日のコーデを写真に撮っています。最初は照れくさかったのですが、インスタに投稿するとさまざまな反応があって、おしゃれを楽しむことや服作りのモチベーションになっています。

コヒナーさんたちのコーデ写真を見るのも大好き！　みなさん、驚くほどのスピードでおしゃれになっていってます。写真を撮ることで意識が変わり、コーデをほめられることで自信がつく。人に見てもらうって、とてもすてきなこと！

小柄のみなさん、#COHINAのハッシュタグとともに写真をアップしてください！　全力で「いいね」しに行きます！

# 写真の撮り方のコツ

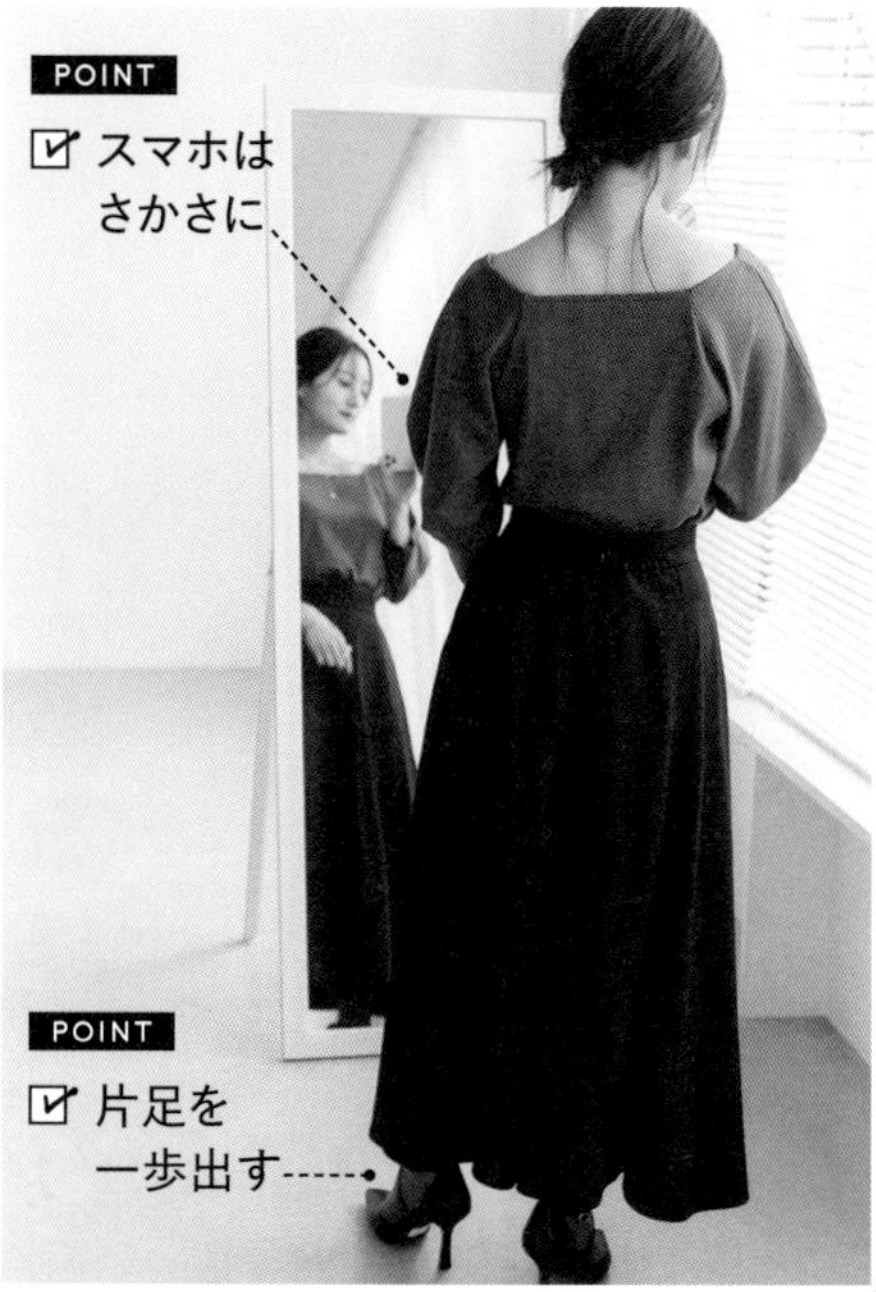
POINT
スマホはさかさに
POINT
片足を一歩出す

## TIPS ①
## 鏡越しに自撮り。1コーデにつき30枚は撮る

鏡で全身を撮影するのが簡単。スマートフォンはカメラが下にくるようにして胸のあたりで構え、片足を一歩前に出すとスタイルよく撮影できます。少しずつポーズを変え、何枚も撮った中からお気に入りの1枚を投稿。

## TIPS ②
## 撮ってもらうときは下からのアングルで

人に撮影を頼めるときは、下からのアングルで撮ってもらうとスタイルよく見えます。カメラに対し体を斜めにしたり、顔の角度を変えたりと研究を。得意なアングルが見つかるはず。

こんなふうに撮れる!

POINT
いろいろ動いてみる
POINT
撮影する人にしゃがんでもらう

MIND 6 - expression

／

# 小柄だからこそ、
# 辛めもちょうどいい。
# 自分の魅力に照れず、
# 「好き」をそのまま楽しんで。

マニッシュやモードな着こなしは自分には似合わない、と思っている小柄さんは多いと思います。でも、そういった着こなしが威圧感ややりすぎ感なくキマるのは、小柄の特権。肌見せや深みの赤リップも、面積が少ない分ヘルシーに見えるはず。

私自身、年齢とともに辛めの着こなしにも挑戦したくなり、２０２２年にクリーンとモードをテーマにした大人の小柄女性向けブランド「ＳＴＲＡＴＡ」を立ち上げました。小柄さんの中にあるカッコよさや色気、芯のある美しさを引き出す存在になれるとうれしいです。

| | |
|---|---|
| OUTER | STRATA |
| VEST | STRATA |
| TOPS | STRATA |
| BOTTOM | STRATA |
| EARRINGS | mimi33 |
| NECKLACE | Soierie |
| RING | ENELSIA |
| BRACELET | Tiffany & Co. |
| SHOES | Maison Margiela |

MIND 7 - talk

# ひとりで悩まなくていい。
# みんなで話して共感し合って、
# 小柄のおしゃれの幅を広げていく。

ＣＯＨＩＮＡを立ち上げてから、たくさんの小柄さんと出会うことができました。ＣＯＨＩＮＡを通じて、小柄さんたち同士のつながりも自然とできています。中には、いっしょにお買い物やディズニーに行ったり、昔からの親友のようになれた……なんてすてきなお話も。

おしゃれについてだけでなく、小柄ゆえの悩みを共有し合える仲間と出会える場に、ＣＯＨＩＮＡがなっていることをうれしく思います。

小柄さん、ファッションに悩んだら、インスタライブに遊びに来てください！　３６５日、みんなであなたを待ってます！

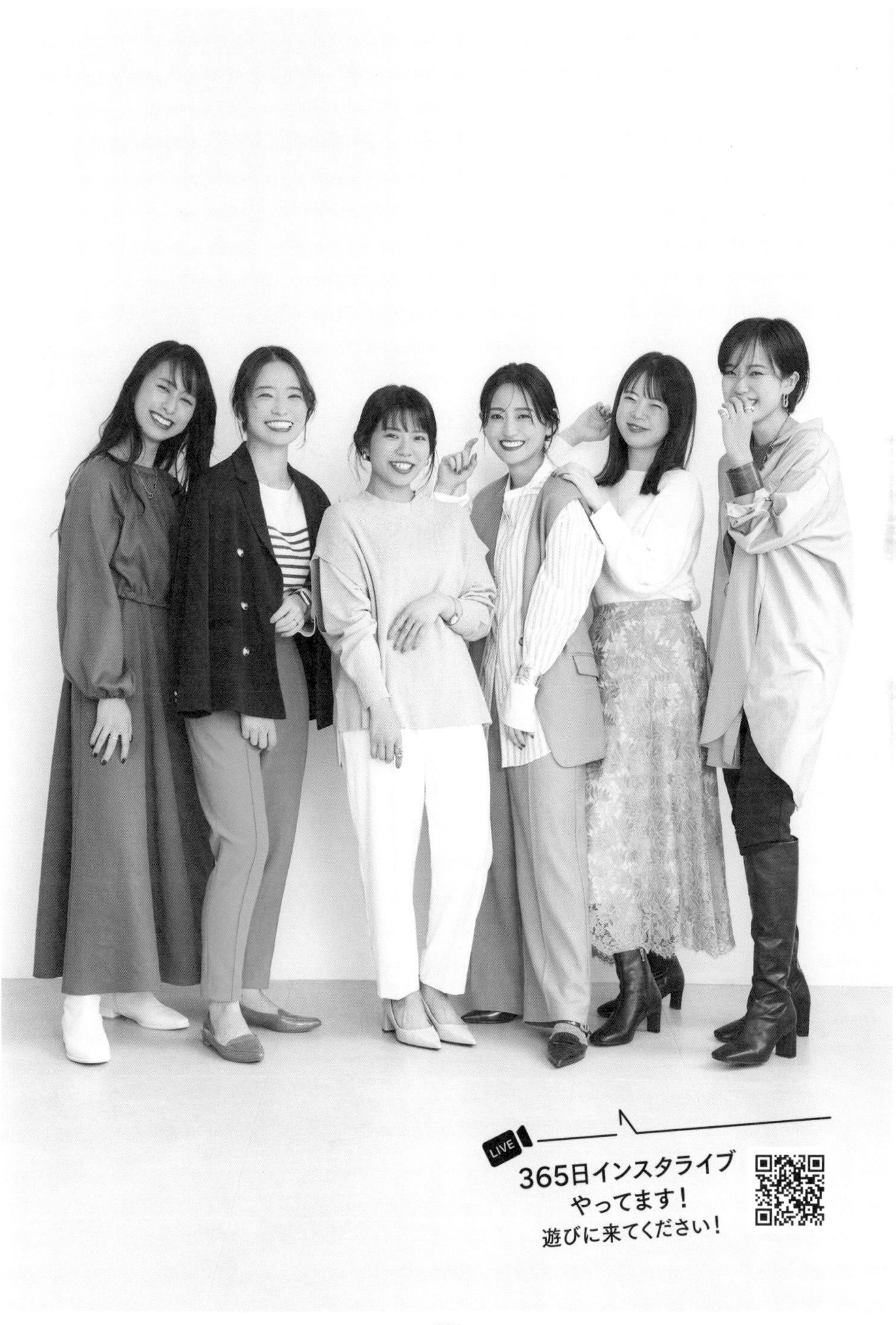
LIVE
365日インスタライブ
やってます！
遊びに来てください！

# COHINAの
# これまでとこれから。

## 着られる服がない。おしゃれが楽しめない。
## 自分自身のリアルな悩みから起業を決意

おしゃれ好きな母の影響もあって、子どものころから洋服が大好きでした。でも身長は１４８㎝から伸びることがなく……おしゃれを楽しむ以前に「着られる服がない」というやり場のない悲しさや悩みを解決したい、と起業を決意しました。

当時、ファッションや経営の知識は全くなく、洋服を作る工場がどこにあるのかさえわかりませんでした。ネットなどで見つけた工場に、「こんな服が作りたいんです」と、自分で描いたデザイン画や資料を送っては断られる……そんな日々が続きました。

失敗を繰り返しながらもここまでこられたのは、私と同じように小柄に悩む女性たちの声があったからこそ。創業時からインスタグラムを通じ、みなさんとコミュニケーションをとってきました。「どう着たらいいの？」「こんな服がほしい」「ぽっちゃりも悩みなんだけど」。毎日届くみなさんの声が、ＣＯＨＩＮＡをつくったのです。

## ライフステージに合わせ、人生とともに歩む服を作り続けたい

ＣＯＨＩＮＡとともに歩んでくださったお客さまの中にはライフステージが変化したかたも多くいます。「50代もおしゃれを楽しみたい」「妊娠中もママになっても可愛くいたい」「ぴったりのウエディングドレスが着たい」。そんなお声にも寄り添っていきたいですね。

たかが服。されど服。ＣＯＨＩＮＡの服さえあれば大丈夫！と自信になり、自分を好きでいられる……そんなブランドを、これからもみなさまといっしょにつくっていきたいと思います。

### COHINAデザイナーのこだわり

中溝 雪未さん

企画・デザイナーとして活動。COHINAの企画生産を担当する中心的存在。

**これ以上似合うデザイン、ぴったりなサイズはないと思えるくらい徹底的にこだわります**

一般的な服作りのセオリーにのっとるのではなく、どのアイテムも小柄さん仕様に一からデザインしています。ボーダーやドットなどの柄もミリ単位で小柄さんに似合うようアレンジ。田中がフィッティングをしたうえで、見え方をさらにこまかく調整します。「小柄だから無理」とあきらめていたアイテムも楽しんでいただければ、とてもうれしいですね。

# COHINAに出会えてよかった!!

## “人生で初めて「おしゃれをするのが楽しい!」と心から思えるように”

たけはるさん／141cm・49歳

ぽっちゃり時代

買い物同行を試してもイマイチ

after

自信を持って外出できる

COHINAと出会って1年。自分が着たい服を着られる喜びを日々かみしめています。背は低いのに胸がFカップと大きく、Sサイズは入らない。キッズ服も無理。常に服選びには苦労していました。

アラフォーになるとカジュアル服が似合わなくなり、さらに太ってしまい何を着たらいいの?と、ますます洋服迷子に。鏡を見るのもイヤになり、打開したいと骨格診断を受けて買い物同行もしていただきましたが、今までよりもマシになったけれど、満足はできない。太っている自分もイヤで、一念発起してパーソナルジムに通い1年で10kgの減量に成功。やせたことで一つ自信がつきました。

ちょうどそのころに出会ったのがCOHINAです。インスタでこんなのあったよと友人が教えてくれて。インスタライブでのかゆいところに手が届く説明がわかりやすく、思い切ってトレンチコートを買ってみたんです。小柄すぎる私がトレンチコートなんて着られるわけがないと思っていたのに、ぴったりでカッコよく着こなせることに衝撃を覚えました。スキニージーンズも丈詰めをしなくていいし、ワイドパンツまではける。

友人から「今日の服いいね」「おしゃれだね」とほめてもらえるようになり、49年生きてきた中でおしゃれをすることが今、とっても楽しいです。着たい服を選べるようになり、アクセをつけてみよう、ヘア&メイクを変えてみようとおしゃれへの意欲がどんどんわいています。

## コヒナーさんに「COHINA愛」を聞かせてもらいました

# “「何を着て出かけようかな♪」と前向きな悩みができるのが新鮮”

りんりんさん／149cm・28歳

学生時代のファッションを見ると、周りはおしゃれなのに自分はなんてイモっぽいんだと思いますね（笑）。昔はジャストサイズという概念がありませんでした。Sサイズも合わないし、どこか必ず大きいのがあたりまえ。おしゃれしたいのに服を選ぶのが楽しくないし、友達と遊びに行くときも「何を着ていけばマシに見えるか」ばかり考えて憂うつでした。

約3年前、インスタでたまたま見かけたのがCOHINA。初めて買ったのはリネンのワイドパンツ。会社の同期とバーベキューに行く予定があり、着ていったのを覚えています。COHINAで服をそろえるようになってから「ぴったりだね」「どこで買ったの？」と声をかけられることがふえました。憂うつだった外出も「何着ていこう♪」と楽しめるように。友達からパーティーに誘われて出かけた先で出会ったのが、今年結婚した彼。COHINAの服で自信を持てたからこそ、出会えたと思っています。

以前は限られた服の中で悶々と悩んでいたけれど、今は選択肢がたくさんあってワクワクしながら悩める。どのサイズにしようか選べるなんて夢のよう！「小柄向けの服、誰か作ってくれないかな」と思うだけだった私ですが、絢子さんはそれをカタチにしてくれた。同世代として、あこがれの女性です。ここまで私たちに寄り添ってくれるブランドはないと思っています。

昔は子どもっぽく、あか抜けなかった

after

セミワイドがお気に入り

結婚しました

## コヒナーさんからのメッセージ「COHINAに出会えてよかった!!」

LOVE!!

今まで、パンツやスカートはウエストを一折りするのが普通だったのが、COHINAと出会って、トップスインできるようになって感動しました。(りんごさん・148cm)

自信を持てるようになった（スタイルよく見える服を着ているからすてきに見えてるはず！という)。(naokoさん・149cm)

COHINAに出会って、着れそうな服ではなく着たい服を選ぶことができるようになりました。サイズが合っているのはもちろん、大人の私も着たいと思えるすてきなデザインがたくさんあります。COHINAは、こんな私もおしゃれを楽しめる場に立たせてくれました。人に見せるためじゃなく、自分のためにおしゃれしてもいいと思います。自分が最高にすてきに見えるお気に入りの服を着る、それだけでちょっとハッピーになる。そのために私はおしゃれをしています。(めいみさん・147cm)

COHINAの服はサイズがぴったりなので、階段をすいすい上れるようになりました （ほわまろさん・143cm)

絢子さんは小柄大人女子のヒーローだと思ってます！(yukaさん・147cm)

自分に合うサイズのものを着るとこんなにもスタイルよく見えるってことを初めて知りました！　体重も何も変わってないのにCOHINAの服を着てるときはやせたね！と言われます！(ちかさん・143cm)

COHINAやせしました。インスタライブを毎日見てるうちにCOHINAの服がほしくなり、がんばって15kg落とすことができました。今ではいろんな洋服に挑戦することができ、何よりも洋服が、そして洋服を楽しめている自分も好きになれました！(りなさん・151cm)

勇気を出さなきゃいけないときも、COHINAのお洋服がそばにいて、応援してくれている気がします。(まりさん・150cm)

おしゃれをいつでも楽しめるから私は大丈夫、という気持ちになれ、心強いです！(りこさん・150cm)

人生初、ロングコートを買いました！(inakumiさん・150cm)

お出かけするとき、デートするとき、なにか自分にとって特別な日はCOHINAを選びます。すてきな服を着て、好きな自分に近づいて自信が持てるように。COHINAの服を少しでもきれいに可愛く着たくて、自分の着たいライン、形で着れるようにボディメイクしなきゃ、と女性らしさを維持できるようにさせてもらっています。(さよさん・148cm)

着丈だけでなく、首元のあき具合や切りかえなどこまかなところまでピッタリなので好きです💕　(mayuka153さん・153cm)

初めてSTRATAの試着会に行き、気になっていたベストのセットアップを試着。今まで、マニッシュな服はスタイルのよい長身の女性しか似合わないという固定観念があり、着たことがありませんでした。似合わなかったら買うのはやめようと思って試着したのですが、(自分で言うのもなんですが笑) ピッタリですごく似合ってる！　私でも着られるじゃん！と試着室でニヤニヤしました。私の新しい扉を開いてくれるCOHINAから離れられません笑（あやかさん・152cm)

年ごろの娘と洋服をシェアすることが多いのですがお互いにCOHINAが大好きでよくいっしょにCOHINAを着て出かけています。(えみゅさん・147cm)

先日表参道で開催されていたコートの試着会にひとりで参加しました。ふだん選ばない色のコートを試着してみたところ、参加されていたコヒナーさんに「その色とても似合ってますよ」と声をかけていただき、それがあと押しとなって購入しました！(香さん・151cm)

工夫しなくてもぴったり着れるうれしさ、初めて着たときの感動は忘れられません。思わず写真を撮って、同じく小柄の母に共有しました。母はその後ダイエットし、今ではいっしょにCOHINAを着ています！　ぴったりの服を着るのが体形維持のモチベーションになっているようです。(さきんこさん・150cm)

初めてのデートも、クリスマスも、お祝いディナーも、ご両親へのあいさつも、結婚当日も、結婚記念日のランチも、大切な日には必ずCOHINAを着ていました。クローゼットにあるお気に入りを手にとったら、たまたま全部COHINAでした。お洋服を手にとると、それぞれの思い出がよみがえります。(midorikkoさん・153cm)

COHINAの服を着てるといろんな人にほめられます。ふだん声をかけてこない人でさえ。(こりんさん・152cm)

ファッションが好きになりました。中高一貫の女子校出身で、もともと恋愛やおしゃれとは無縁な生活を送っていました。大学生になって突然「私服で来い！　メイクはマナー！」という世界になり、私にとっての「あたりまえ」は180度激変。2年生になり、コロナで大学は全部オンラインになりました。パジャマ万歳！　おしゃれから解放されてうれしかった、それくらい苦手意識がありました笑　自粛期間が続き、バイト代はたまる一方。そこで、ずっと気になっていたCOHINAの服を買ってみることに……！「着れる服を探して着る」生活から「着たい服を選んで着る」生活になり、とたんにおしゃれが楽しくなりました！　髪を伸ばして巻いてみたり、服に合わせてコスメを選んでみたり！　COHINAに出会うまではおしゃれの目的は「周囲になじむため」でしたが、今は「なりたい自分になるため」にアイテムを選ぶようになりました！　今ではすっかりCOHINAで、コスメオタクで、ネイルサロンなんかにも行っちゃったりして……もうおしゃれが楽しくてしかたないです！（ひなたさん・147cm）

COHINAのサイトを発見したとき、自分と近い身長のモデルさんたちが商品を着ていて衝撃的でした!!　最初に購入したのは、黒のオールインワンでした。届いて感動。ぴったし!!!　オールインワンなんて、おちびは一生着れないと思っていたので、おちびでもおしゃれをあきらめなくていいんだってうれしく思いました。（ぽにーさん・144cm）

3年つきあった彼にプロポーズされるかソワソワしていた何年か前の誕生日、お守りのようにCOHINAのニットワンピを着ていったところ、みごとにプロポーズされました！（あやのさん・153cm）

COHINA デニムのフレアワイドをはいたときは、シンデレラみたいに魔法をかけられた気分になりました!!　低身長でよかった♡とさえ思わせてくれるCOHINAのお洋服に感謝です！（mopurinさん・150cm）

COHINAに出会って、好きな洋服が会いたい人に会わせてくれるというか、落ち込むようなことがあっても、明日あのお洋服を着てあの靴をはいて、髪形はあれで……と、お洋服ひとつがほんとうに気分を上げてくれて、感じたこともない気持ちにさせてくれました。予定やシーンや会う人に合わせてお洋服を変える、自分がほんとうに好きな自分で会いたい人に会うというのが、おおげさだけどほんとうに尊いことのように思えました！　なりたい自分も人のまねっこやあこがれだけじゃなくて、似合う！好き！をいっぱい詰め込んだものになっていってる気がします！　人生をワクワクキラキラ楽しくさせてくれてほんとうに感謝です　（まるさん・150cm）

COHINAの服を着ると主人や子どもたちが「ママすてきだよ」「今日のママ可愛い！」とほめてくれます。中学生の息子に次に買う洋服を相談したり、いっしょに色を決めたりするのが幸せな時間です。（優子さん・149cm）

小柄な自分に少し自信を持てるようになりました。ぴったりなお洋服に出会う前は、いつも10cm以上のヒールを必ずはいて、少しでも身長を高く高く見せようと必死でした。でも、小柄でもおしゃれを楽しんでいるCOHINAの方々やお洋服を知って、そんなに背伸びしなくてもいいのかも、と思うようになりました！　最近はペタンコの靴もはきます！（笑）これはほんとに成長です!!（ちなみさん・149cm）

おすすめはやはりCOHINA デニム！　洋服好きの父から「COHINAでしょ？　すごくシルエットがきれいだからすぐわかる」といつもほめられます！　もともと好きなアイドルがデニム好きで、私も好きになってみたいと思っていました。しかしなかなかはきこなせるデニムに出会えず、好きなアイドルと「好き」を分かち合えないんだと落ち込むことがありました。そんなときにCOHINAデニムに出会いました。最初にはいてみたときの感動は忘れられません。家じゅうを歩き回って家族に自慢して回りました。今ではコンサートにはいていく勝負服です！（みなみさん・151cm）

COHINAで購入したデニムが私にはぴったりで、最初はどういうこと？　このシルエット合ってる？　これでいいんだっけ？と何度も鏡の前で首をかしげたりニヤけたりしながら、ポーズをとりました。その日から、ささいな買い物もそのデニムで出かけるようになり、自分にちょっとだけ自信が持てるようになりました。そのちょっとだけの自信は、新しいことを始める際の抵抗感、失敗するのではという不安をやわらげてくれ、なにかにトライするときの気持ちのハードルをかなり下げてくれました。その数カ月後、マッチングアプリを始め、今の彼氏に出会い、デートや旅行、いろんな場所をCOHINAデニムと旅しました♥どんなときもこのデニムと旅するとご機嫌でした。そして来年の春、その彼氏と結婚する予定です。COHINAに会えなかったら、COHINAの服で感動しなかったら、このちょっとだけの自信は生まれなくて、きっとこんな人生は存在しなかったのだろうと思います。COHINAのみなさんが一生懸命悩み、費やしてくださった時間が、私の人生に陽を当ててくれたと思います。これからも、ずっとそんなCOHINAと歩んでいけますように。今までも、これからも楽しみにしてます。（ちなつさん・152cm）

大学生になったときに、お金をためて初めてCOHINAのウエストギャザーワンピースを購入しました！　ほんとうにぴったりのワンピースが手にできたのがうれしくて、たくさん着ました！　まだ大学生で、なかなかCOHINAの洋服を購入できないのですが、社会人になったらたくさん購入したいと思っています！！（あやこさん・143cm）

池袋のポップアップショップで試着したのが始まり。ピッタリすぎて感動して、私の細い目が3倍は大きくなったと思う。（かなこおおしまさん・154cm）

COHINAの購入画面をインスタのストーリーズに上げたら、思わぬ友達からメッセージが来て、その子もCOHINAユーザーだということが判明しました。ずっと会っていない子でしたが、これを機に今度食事に行くことになりました！（nanaさん・147cm）

COHINAに出会ってパンツスタイルに挑戦できるようになりました。それまで自分には似合わないと思っていたのですが、似合わないではなくサイズの合うものがなかっただけでした。COHINAのお洋服のおかげで、おしゃれの幅が広がりました。（ゆきんこさん・146cm）

小柄仲間とコミュニケーションをとるようになったこと！リアルでは自分ほど小柄な人に出会うことがほとんどない。COHINAがライブで世界じゅうの小柄さんたちをつないでくれたと思います。（nchさん・149cm）

COHINAのサロペットを着ていたら、周りのママ友から「そのサロペいいね！どこの服？」とよく聞かれました。転勤族なので、新しいお友達の輪につながり、うれしかったです。（ゆうこさん・152cm）

去年夏、大きな病気をして、ずっと外に出られなかったとき、たまたま購入した福袋にパジャマが入ってました。闘病が苦しくて、毎日泣いて、つらくてたまらなかったときにCOHINAのパジャマを着て、お洋服が大好きだった自分を思い出しました。また元気になって大好きなCOHINAのお洋服をいっぱい着たい、と気持ちが前向きになり、今年の6月に仕事復帰を果たしました！　復帰してからは体力が落ちてつらかったけど、毎日COHINAのお洋服を着てテンション上げてがんばっています。着るものひとつで、体調も気持ちも大きく変わることを実感しています。私の人生に寄り添ってくれているCOHINAを、これからもずっと応援していきます！（ひーたんさん・148cm）

自分の体に合ったCOHINAの服を着てる日は、やっぱ可愛いぞとプラスのオーラをまとい、ガラスに映る自分の姿をチラ見すらしちゃってる私がいます。（かねりんさん・155cm）

服に妥協することがなくなりました！　クローゼットの中が全部お気に入りの服になりました！（mayu.*さん・148cm）

COHINAのインスタライブでは、商品へのこだわりや推しポイントをライバーさんそれぞれが語ってくださいます。お洋服ができるまでに費やした時間や、製作秘話、普通ここまで話してくれるところはないと思うくらい、みなさん熱いのです。COHINAのお洋服を注文して、届いたダンボールをあけるときには、ワクワクした気持ちになります（mocoさん・150cm）

COHINAは標準サイズをベースにして丈やウエストを短くしてるだけではなく、一からデザインを構成しているのが感動です。小柄だからこそ悩みやすい、柄の大きさやプリントロゴの位置、ボタンの間隔など細部まで計算されていて、着たときの違和感がありません。（いぶくろさん・148cm）

とにかく考え方が変わりました。身長が145cmでもいいんだ、それを堂々と発信して、そんな自分を認めてあげていいんだ、と思うようになりました。なんで自分にもある武器を使わないで、隠したいって思ってきたんだろうと。COHINAを知ったことは私の中で革命的でした。（石川 敦美さん・145cm）

140cmの私がパンツをはける日がくるなんて思わなかったし、うれしい。これでスカートもパンツも両方はける！（あきさん・140cm）

私がCOHINAを知ったのはちょうど一人暮らしを始めたばかりのときです。コロナが広がって人に会えなくなって寂しかったときにCOHINAライブで寂しさをまぎらわせてました
私はCOHINAのおかげでコロナ自粛期間を乗り越えられたと思ってます　今はあのとき買ったCOHINAの服で彼や友人とお出かけするのを楽しんでます（hachiさん・150cm）

仕事がたいへんで、休職し、家でずっと寝るだけの日を過ごしてました。COHINAのインスタライブを見て、毎日別のライバーさんが楽しいライブをしてくれて、ライブを見ることが目標に。気持ちも明るくなり、無事仕事に復帰することができました。今はCOHINAの洋服を着て、モチベーション上げながら仕事しています！（のこさん・153cm）

半年前までは育児で毎日クタクタ、服を選ぶのもおっくう。あるとき心に余裕ができたのか、気になってたCOHINAさんで思い切って買ったところ、夫からも子どもからもママ友からもほめられたのです。そうだ、私は服が好きだったんだ。思い出しました。サイズの合う服を求めてショップを渡り歩いたり、気に入った服を何年も大事にしたり……そんな自分を。先の季節を楽しみにできるようになりました。クローゼットの服をCOHINAに入れかえるのがこれからの夢です。（めいさん・150cm）

COHINAのダンボールニットパーカーを着ていたら、弟に「そのパーカーどこで買ったの？　可愛い！　俺もそのパーカーほしいな～」と言われ、「COHINAっていう小柄向けのブランドだよ、あゆみ（私）の身長じゃないと着れないよ」と返したら、「あゆみの身長っていいよね！」と言われました。この身長じゃないと着れないお洋服、って考えるとすっごくうれしかったし、自分の身長を誇らしく思いました（あゆさん・149cm）

大人っぽくなりたい！と149cmコーデと検索して出会ったのがCOHINAです。毎日インスタライブをされていて、プライベートで落ち込んでいたときも毎日のインスタライブが１日の原動力になっていました。そして、ライブでコメントされている方の多くが小柄アカウントを作っていることを知り、私もアカウントを作りました。そして、投稿へのコメントをきっかけに実際にコヒナーさんに会い、友達の輪が広がりました。今では月に4回ほど会う方もいて、家族ぐるみで仲よくしていただいています。上京して周囲に友人も少なかった私。ファッションを越えて人生の相談や楽しいことを共有したり、いっしょに過ごすことがほんとうに幸せで、この方たちに出会えたことで人生がより豊かになったと実感しています。（はるさん・149.5cm）

COHINAに出会ってから、自分の好きなテイストや似合う形、似合わない服の理由などがわかってくるようになり、買い物の失敗が減ってきて、クローゼットの中がお気に入りばかりになりました。クローゼットを見渡すだけで幸せな気分になります。（yuminさん・143cm）

COHINAで購入したスカートで会社に行ったら、「スタイルいいね」と初めて言われました、、！😳（せうこさん・148cm）

COHINAさんに出会って、週末ちょっとパンを買いに、本屋さんへ、などちょっとそこまでお出かけするだけで幸せな気分になれます。（あいさん・152cm）

COHINAに出会って、友人からおしゃれな人認定されました。（かなさん・153cm）

COHINAのインスタライブなどで身につけた知識を、自分で生かすだけでなく、家族へのアドバイスもし、喜んでもらえています。そうするうちに、同じような悩みを持つ方の役に立ちたい、洋服関係のお仕事に挑戦してみたい、と思うようになり、転職して販売員に。COHINAのライブを見ていたおかげで、自分とは違うお悩みを持つお客さまにも寄り添う提案ができ、お客さまからも共感のお声をいただくことも。COHINAとの出会いは大きく私の人生や気持ちを変えてくれました。（Annaさん・152cm）

先日高校の同期の結婚式があり、COHINAのドレスを着て出席しました。コロナ禍で、前回同期たちと会ったときより少し太ったような気がしますが……会った瞬間みんなに「やせた？」と言われ、「いい女になったな」とまで言われてちょっとドキッとしたりもしました（笑）（あいこさん・150cm）

自分にスポットライトが当たってるように思えた。（miyuさん・154cm）

COHINAに出会ったことで、20代後半にして初めておしゃれをする楽しさを知りました。すてきな服を着てお出かけすることでQOLが爆上がりです。（ゆきさん・152cm）

COHINAのお洋服を着ることがダイエットのモチベーションになり、24kgやせることができました。COHINAは私のライフスタイルの一部です。（MayAさん・152cm）

上下COHINAだとバランスが完璧！　むしろ低身長に見えないくらい着こなせます！（ひぃちゃん★さん・148cm）

以前は週5で出勤するのなんて無理…と思っていましたが、COHINAの服を着て出かけられる!! というモチベーションで、ルンルンで会社に行っています。COHINAの服が着たいから在宅勤務やってません笑　どんだけ見せびらかしたいんだ自分😂✋（佐々木琴さん・144cm）

コロナ禍でちょっと太ってしまい、せっかくサイズが合うすてきなCOHINAの洋服があるのに、ライバーさんみたいにきれいに着られないことが残念すぎて、初めてジムに通い、5キロ落としました！　そしたらなんと彼氏ができました❤笑　自分を変えよう！と思える機会をつくってくれたCOHINAには感謝しています！（東山由佳さん・148cm）

COHINAに出会えたこと！　絢子さんに出会えたこと!!　大学生でCOHINAに出会ったので、ありがたいことに実はちゃんと小柄で悩んだことがない笑笑（まままさん・146.6cm）

私はマスコミ関係の仕事をしているので、人前で話したり、テレビ出演したりすることもありますが、そんなときにもCOHINAの服は自分の背中を押してくれます。私の人生に絶対に欠かせないブランドです！（Eriさん・149cm）

COHINAの水着を着ていたとき、彼氏に「君のために作られたみたいにピッタリだね」と言われたことがありました。（Yurikaさん・146cm）

私はCOHINAのライバーとして、毎週のように服を紹介しています。やさしいコヒナーさんにオンラインで出会えて、イベントや店舗などでもお話しができ、小柄女子ならではの体験で共感をし合い、すてきなコミュニティに属せてるのも幸せです。（澤村萌さん・150cm）

COHINAしか勝たん。毎日全身COHINAです。（バッグも靴も）（みーちゃんさん・153cm）

# この本をいっしょにつくってくれたコヒナーのみなさん

(148cm)yuka_153(153cm)あんこ(147cm)nana(147cm)はる(149cm)2318ei(144cm)采花(144cm)くろくま(146cm)みなみ(144cm)ゆみちゃん(142cm)あ(144cm)ちゃーみー(148cm)のん(147cm)motokaママ(151cm)ゆき(142cm)かずこ(153cm)さら(147cm)みー(148cm)はれちゃん(146cm)ちゃみた(149cm)ユリ(152cm)OM(146cm)かよ(ちょっと背伸びして151cm)ゆずぽん(152cm)hiromi(147cm)mashriry(153cm)あいり(150cm)KTママ(149cm)ゆり(152cm)ゆい(152cm)おさえさん(148cm)知香子(146cm)aya*(152cm)Mm(146.7cm)いえろう(151cm)ヒロ(151cm)おりえ(148.5cm)ちか(143cm)Yukko(151cm)naoko(149cm)ふーちゃん(146cm)こまりん(150cm)AKANE(149.7cm)みずほ(145cm)くー(147cm)nao(148cm)あつみ(145cm)ちな(150cm)yuka(148cm)nao(148cm)ホットウーロン茶(150cm)えながしん(144cm)masa(149cm)あさか(150cm)まれ(151cm)もも(151cm)あやか(150cm)あいあい(153cm)みさ(151cm)yuka(152cm)ちなつ(148cm)みぃ(142cm)りんご(153cm)nana(147cm)かにゃん(145cm)くま(153cm)Y.O.(153cm)shiho(148cm)ゆきんこ(146cm)nachie(150cm)na(150cm)sachi(152cm)だまだま(147cm)まろんこ(150cm)べっぴー(148cm)Haruka(146cm)まいまい(148cm)ちぱる(148cm)みーちゃん(153cm)さお(149cm)さおり(149cm)ラッキーチャッピー(146.5cm)ひろ(154cm)みよ(150cm)ko(148cm)nao.151(151cm)こまゆ(146cm)まめ(153cm)ちゅん(152cm)おはる(153cm)みみ(147cm)かず(152cm)さおり(148cm)takabo(149cm)こちょび(143cm)はなママ(150cm)ほなみん(147cm)りんご(148cm)HARE(153cm)なみ(145cm)じゅり(140cm)あん(149cm)あす(148cm)Risa★(150cm)chika148(148cm)ゆー(150cm)Miki(152cm)AYA(150cm)まりえ(150cm)綾香(149cm)こゆあき(148cm)千佳(146cm)しおり(151cm)りの(149cm)匿名(145cm)りか(144cm)しょうこ(146cm)宮崎禎子(143cm)toshimi(143cm)あす(148cm)naco(143cm)umie(149cm)くま(150cm)ゆかり(148cm)ゆうこ(152cm)あいちん(150cm)ami(145cm)とび(148cm)hanna(148cm)CHIERI(145cm)湾岸の小柄(147cm)Mayumi(148cm)hachi(150cm)久美子(151cm)YUU(148cm)なみ(146cm)髙村聡美(152cm)きゃべ(147cm)RIE(143cm)しほ(143cm)Maco(153cm)よしみ(147cm)moon(155cm)しお(146cm)やっこ(140cm)りな(144cm)ふみ(149cm)さゆりん(148cm)みゆ(145cm)yuk@(150cm)erika(142cm)みつな(147cm)ymyh1217(150cm)まめ(151cm)ちょも(142cm)sora(146cm)fumi(141cm)hiromix(150cm)あや(148cm)めぐみ(147cm)あやこ(148cm)あやか(150cm)yukari(148cm)みなみ(151cm)yuka(148cm)taeko(146cm)えりか(153cm)さき(148cm)Kuromame(146cm)MASAE(149cm)りくママ(151cm)nono(145cm)りか(142cm)もも(145cm)machi_150(150cm)かな(150cm)ひーたん(148cm)のこ(153cm)なー(143cm)あいな(145cm)nch(149cm)トト(147cm)rrr(150cm)山口眞帆(147cm)ユウキ(148cm)カナ(151cm)ゆりえ(147cm)まつゆき(148cm)mei(152.5cm)えり(140cm)ひーたん(148cm)カナ(152cm)かじ(148cm)とえまる(148cm)あやぴ(148cm)ゆう(148cm)のん(143cm)kei(151cm)かな(148cm)ゆき(148cm)Chiaki(151cm)ミニりりり(152cm)すーーーーーーーy(148cm)asurann(155cm)yuki(146cm)YUu(148cm)ayu(146cm)のりちゃん(148cm)みい(154cm)めぐみ(150cm)かな(145cm)けいこ(144cm)もんち(143cm)moco(151cm)1(151cm)あやみ(142cm)よっこ(148cm)Asumi(147cm)miiiika(146cm)あや

K.H(143cm)Rina(144cm)masae(149cm)ちぱる(148cm)あやかりん(148cm)みちゃん(144cm)moca(148cm)いしだまい(148cm)まー(151cm)みか146(146cm)maripoke(152cm)まえゆう(147cm)はぁchan(148cm)みぃ(142cm)yuka(153cm)はーちゃん(148cm)つのめ(150cm)ときいく(140cm)ざっきー(152cm)みっちゃん(146cm)mii(149cm)つー(155cm)まいまい(148cm)Tomo(153cm)ミニ(152cm)みさ(148cm)たろ(148cm)ゆぽ(145cm)如月(152cm)みな(153cm)みずき(149cm)らいす(149cm)ひろ(154cm)Y.Y(151cm)ふーちゃん(146cm)花ちゃんの母さん(151cm)あやか(150cm)nozomi＊(145cm)k.k(151cm)chibi(153cm)りんご(148cm)のんちゃん(150cm)ままま(146.6cm)らむ(148cm)なの(150cm)asami(147cm)たい(153cm)はるか(148cm)やっち(148cm)myuu(154cm)naoko(149cm)かな(150cm)くま(150cm)静(153cm)しょーん(148cm)なか(147cm)れいな(149cm)iikuu(148cm)aaachn144(144cm)あゆち(149cm)くまち(147cm)もちこ(152cm)Suiko(150cm)のんとぴよ(149cm)nago(149cm)ちぴぴ(149cm)さよ(148cm)高瀬伶奈(149cm)kao(143cm)mayuka153(153cm)うにくま(162cm)すち(145cm)美季(149cm)れな(149cm)ヒトミ(146cm)なな(146.3cm)ravi(150cm)Akiko(152cm)美咲(148cm)まみ(148cm)なちゃん(146cm)めいみ(147cm)もも(146cm)みゅー(153cm)まゆこ(147cm)ひとみ(146cm)chiii413(149cm)nakokin(155cm)たつゆうまま(148cm)ゆかり(148cm)いーちゅ(150cm)けいこ(144cm)akiki(149cm)あやか(152cm)しずか(151cm)かすみ(148cm)hagumiko(153cm)yuka(147cm)nachi(150cm)2(148cm)ときいく(140cm)みち(153cm)ちか(143cm)ふゆ(147cm)Tサクラ(140cm)なな(146.3cm)絢世(145cm)ひなた(147cm)あーちゃん(152cm)さきんこ(150cm)みな助(143cm)ちなみ(149cm)ちゅん(152cm)ぴね(143cm)りっちゃん(151cm)かんな(146cm)うり(150cm)絵理(149cm)あつみ(145cm)kotokuma(147cm)みのり(146cm)荒木 紫帆(145cm)まこちゅん(148cm)まり(150cm)まる(150cm)あずき(147cm)イーニャ(150cm)えみ(148cm)japanettanaka(146cm)ゆか(149cm)まるちゃん(148cm)ひろちゃん(142cm)あーこ(147cm)ルー(146cm)Tom(151cm)あやみん(151cm)えながしん(144cm)Komugi.m2(146cm)鈴木(148cm)コム(149cm)まれ(151cm)紅葉(147cm)スンスン(142cm)さっち(152cm)chibika(135cm)かにゃん(145cm)こぶまま(146cm)midorikko(153cm)YUI(148cm)みぽ(149cm)りな(151cm)Mei(152cm)あいあい(153cm)アカオ(148cm)ぽにー(144cm)まい(143.5cm)あやこ(143cm)みきこ(150cm)まいまい(145cm)evergreen(153cm)しょうこ(146cm)ほわまろ(143cm)ito(152cm)peq149(149cm)けだまちゃん(146cm)くま(149cm)えみゅ(147cm)シホ(147cm)さくら(149cm)ぴょす(154cm)あやの(153cm)milky(147cm)おーじろう(146cm)mikan_149.5(149cm)早希(148cm)ふぃー(149cm)あおち(150cm)こたこ(148cm)kicchan(148cm)まるこ(152cm)ちあき(146cm)a_sachako(152cm)aya(142cm)いだ(149cm)ゆうき(155cm)かな(153cm)mopurin(150cm)いちこ(145cm)Yukko(151cm)あしゅママ(145cm)みか(154cm)カナ(153cm)にわとり(148cm)彩(148cm)Jun(147cm)ろこちゃん(143cm)いぶくろ(148cm)rika(146cm)k(151cm)aichan(147cm)みるぽて(150cm)ゆう(147cm)むー(147.5cm)実咲(152cm)りえ(153cm)まるこ(152cm)きく(145cm)ちび芋(147cm)かお(145cm)えり(140cm)はな(148cm)A(143cm)みみ(147cm)momoka(153cm)有希

mi918ho(152cm)まれ(151cm)入江慧(148cm)みぴ(147cm)りかこ(153cm)miho(148cm)春奈(139cm)RINA(148cm)くまりさ(146cm)佐々木琴(144cm)aki(150cm)かずあおママ(149.5cm)inakumi(150cm)あっかん(143cm)はる(153cm)しらたま(152cm)みぃみ(150cm)礼奈(148cm)かすみ(144cm)大人ちびっこ(143cm)sen(148cm)maico(151cm)やぶどん(149cm)Anna(152cm)森川美由(153cm)riiisao(148cm)さき❀(146cm)くみりー(147cm)まなちゃ(154cm)美由紀(150cm)misato(150cm)英理(153cm)ちさと(145cm)未来(148cm)麻未(154cm)みっちょん(150cm)りくりく(150cm)あいこ(150cm)ふるたあすか(152cm)mizuho(150cm)池田未弥(149cm)みのり(144cm)東山由佳(148cm)ぽんぽこりん(146cm)きょうた(150cm)YURI(150cm)ゆーこ(150.9cm)Keiko(139cm)けいこ(148cm)Mizuho(145cm)マッキー(150cm)ぽんた(151cm)naaa(151cm)にゃん(149cm)moco(150cm)kazupi(153cm)himaru(150cm)はなりえ(148cm)nerico(144cm)令奈(151cm)未空(146cm)かずまるこ(140cm)千夏(143.5cm)坂本愛(148cm)高橋詩(147cm)うなみ(146cm)ヒトミ(153cm)zuchan-145(145cm)Erina(145cm)りすみ(150cm)ゲレちゃん(149cm)木本真美(146cm)みっちぇる(147cm)上塘 菜々子(146cm)まりー(145cm)むーちゃん(154cm)ちゃんまり(145cm)Satoca(145.9cm)ひかる(147cm)かおり(152cm)あ(147cm)糟谷毬華(152cm)misa1003(144.6cm)ちなつ(152cm)みずえ(150cm)moon(155cm)YuiM.(148cm)emi(151cm)板東加那子(151cm)haruko(149cm)りさあ149(149.5cm)あき(140cm)naho(149cm)柴田いよ(151cm)ミニりりりん(152cm)ゆい(148～150cm)つっちーdochibi(144cm)丸山夏美(147cm)らも(146cm)もとこ(150cm)ゆきやねん(152cm)RiRi(144cm)ひとみ(140cm)ikuuu(148cm)hachinoco(150cm)ふじちゃん(149cm)ほのゆいママ(147cm)あやや(145cm)たなはしひとみ(146.4cm)高橋愛理(148cm)彩貴(148cm)友映(148cm)maki(145.5cm)香(151cm)ミユキ(145cm)小笠原歩(150cm)のぞみ(146cm)ピグ(149cm)no-rio(145cm)越川綾芽(142.5cm)ヨウコ(153cm)ayaca.(149cm)三浦愛子(153cm)ひろみ(148cm)さやも(147cm)やすのはるはる(152cm)sana(151cm)maki(151cm)Akane. N(142cm)ryo(152cm)ピノコ(143cm)keina(152cm)asa(147cm)hiroka(143cm)せうこ(148cm)山崎瞳(148cm)Eri(149cm)ほなみ(151cm)うさき(150cm)まりん(148cm)noririn(148cm)やまゆき(154cm)ゆき(150cm)石川 敦美(145cm)りえ(148cm)なちみく(149cm)ゆきえす(144cm)あゆ(149cm)えみ(146cm)aya(149cm)tsuru(148cm)WAKANA.K(150cm)ゆうな(148cm)yukari(144cm)かんこ(152cm)miniminnie(152cm)くみこ(151cm)ましも(149cm)澤村萌(150cm)みみりん(148cm)Aki.K(152cm)ゆうび(148cm)齋藤 信恵(145cm)ゆき(147cm)Yoshimi M(151cm)紗(147.5cm)おこめ(151cm)ユウナ(153cm)a(148cm)

の(150cm)あや(149cm)yrk14(148cm)ぴかちゅう(152cm)みぽりん(145cm)しのぴ(150cm)ゆ(153cm)Natsuno(151cm)Naa(148cm)夏(146cm)rinrin.145(145cm)この(143cm)かねりん(155cm)miyu(154cm)はるか(145cm)めぐみ(147cm)めい(150cm)mie(150cm)yoko(141cm)shima_chan(151cm)michoco(143cm)まゆぽん(153cm)don☆(150cm)はる(149.5cm)なお(147cm)みみ(147cm)ますみ(149.5cm)まなまな(150cm)のんちゃん(147cm)すち(145cm)まみ(148cm)たけはる(141cm)よー@152センチ(152cm)ゆり(147cm)yukari(149cm)みかぽん(144cm)ヒノモトカオリ(148cm)arii(146cm)ヒノ(148cm)n(146cm)優子(149cm)yucari(143cm)オリーブグリーン(140cm)よしみ(148cm)なぎ(149cm)よこみ(148cm)りこ(150cm)ゆか(149cm)もえ(145cm)ちあき(150cm)こなつ(144cm)ヨウコ(153cm)ひろ(147cm)ぐりん(153cm)えりんこ(150cm)mokachi(143cm)さやさや(149cm)harucari(150cm)かな(148cm)natsuru(150cm)ぽん(152cm)もぐもぐ(151cm)中西詩織(146cm)あい(152cm)ぐぐ(146cm)Mai(150cm)mio(152cm)つみき(142cm)みのり(152cm)りな(153cm)ちびみぃ(138cm)かめぽん(147cm)さな(149cm)きむら(149cm)ずえり(146cm)たえ(149cm)りり(154cm)ありさ(148cm)なおたろう(141cm)なお(147cm)るんば(148cm)あ(148cm)ちいこ(149cm)miyukinggg(153cm)ナナ(148cm)sachiko _san(150cm)梅津なごみ(147cm)まな(147cm)ふゆみ(142cm)nano(147cm)美希(148cm)なつき(150cm)あーちゃん(146.5cm)はーる(149cm)なつみ(146cm)真悠(148cm)萩原明梨(148cm)星野 めぐみ(150cm)ぴよ子(152cm)こりん(152cm)貴泉(150cm)あーちゃん(149cm)KASUMI(150cm)かなこおおしま(154cm)白川良香(147cm)ゆかり(145cm)りさる(149cm)☆37☆(143cm)ゆみ(143cm)山田珠依(152cm)むらこししほ(147cm)山崎 昌代(143cm)akita(148cm)杉本知佐(142cm)may u.*(148cm)みる(149cm)MAMI(146cm)鮎子(153cm)ウッドストッこ(149cm)ゆいこ(148cm)ake(150cm)春花(148cm)ゆかとぴきーちゃん(146cm)ゆっとりんママ(149cm)りおゆうとmama(152cm)ひぃちゃん★(148cm)あゆ(152cm)ひとちゃん(142cm)あすか(153cm)ちえ(147cm)しなもん0427(147cm)エミコ(145cm)鬼木正恵(おにまちゃ)(148cm)倉原幸恵(145cm)KEIKO(147cm)森田 愛力(152cm)山崎美里(146cm)maitty39(152cm)牛尾チャコ(152cm)Yurika(146cm)坂本美優(146cm)のの(147cm)maimi(150cm)根岸なお(153cm)鹿森ユミ(150cm)mido(149cm)かき文字デザイン(151cm)桂智子(150.5cm)kumichan(151cm)池宮由佳(148cm)ぺんぺん(152cm)れぃこ(142cm)りー(142cm)かな(152cm)綾子(150cm)miiiiiichan149(149cm)なぶ(151cm)湯川夢乃(147cm)ゆきうさぎ(150cm)ハム子(150cm)葵ちゃんはは(149cm)みきてぃ(152cm)＊yumiko＊(151cm)さおた(149cm)ゆりちぃ(151cm)たむらえりこ(142cm)浅沼 菜津子(150cm)たまごぱん(149cm)千夏(143.5cm)秋桜(143cm)米倉愛(146.5cm)ことは(150cm)ako✿(149cm)かすみ(142cm)MAYU(146cm)大森真弓(152cm)Chihiro.I(152cm)えびちゃん(152cm)あず(147cm)かな(147cm)yuki(153cm)ちさと(148cm)ルナール(146.5cm)yumin(143cm)杉本良子(148cm)はーる(149cm)しのぶ(148cm)こもも(145cm)Riho(152cm)内山麻衣(145cm)ひろこ(149cm)Riekoro(143cm)関西小柄会。♡ERIKA(148cm)永井亜樹(150cm)ひじき丸(146cm)ねこ(146cm)みさ(143cm)なっつみゆ(143cm)chibisaiii(150cm)ちびはむ(147cm)ゆか☆Choro☆(149.6cm)つかさ(148cm)ykn(153cm)礼奈(148cm)MayA(152cm)misa(143cm)山本麻里奈(148cm)ゆき(152cm)Natsu🌷(143cm)chan miyu(150cm)

コヒナーさんの輪を
どんどん広げて
いきましょう!!

EPILOGUE

# おわりに

昔の自分の写真を見ると、どこか自信のない表情をしている私がいます。おしゃれにあこがれても着られる服がなく、スタート地点にすら立てないいら立ち。どうせなりたい自分にはなれないんだというあきらめ。好きでもない服をしかたなく着ている自分自身への引け目。

そんな気持ちをいだきながら「好きな服」ではなく「恥ずかしくない服」だけを選び続けていました。当時の私にとって、大好きだったはずのお洋服は、小柄な自分を隠すための道具になってしまっていたんだと思います。

今思えば、小柄であるという自分の特徴を受け入れていなかったんですね。一生つきあっていく特徴、つまり「自分」そのものを否定し、向き合うことすら避けていました。

でも、ＣＯＨＩＮＡ創業のために自分自身の体形に徹底的に向き合っているうちに、マイナスに感じていた自分の特徴も、光の当て方を変えるだけで、実は輝く要素をたくさん秘めていることに、気づき始めたのです。

そのとき、「おしゃれをしたい」という気持ちがただのあこがれではなく、前向きな挑戦の気持ちに変わりました。

もし、小柄ならではの魅力があるのだとしたら、それを最大限に生かすために知識をインプットし、実践してみる。たくさんの服を、恥ずかしがらずに着てみて、経験を積み重ねる。

そうやって、ひとつひとつ挑戦するたびに、自信へとつながっていったのです。

小柄である自分自身をありのままに受け容《い》れる。

そうするうちに、おしゃれが楽しくなって、周りの人から「あか抜けたね」とほめられたり、コヒナーさんがまねしてくれるといううれしいことが起きたり。昔の自分からは、想像すらできないようなことがたくさん起こるようになって……。

「おしゃれをする」ということが、私の前に広がる世界をもっと楽しく、あたたかく、鮮やかなものへと変えていきました。

今の時代、自己表現の方法はひとつではないと思っています。身長でおしゃれをしたいという気持ちが制限されたり、なりたい自分になれないなんてことは、絶対にないのです。

この入門編を読みきったみなさんは、もう自分自身が放つ、美しい輝きに気づいているのではないでしょうか？

私たちは、誰にでも、何にでもなれる。なぜなら私たちは、自分で自分に光を当て、輝かせる方法を知っているから。

ＣＯＨＩＮＡのブランドコンセプトは「あなたに陽が当たる服」。

小柄女子のみなさん、いっしょに輝いていきましょう！

田中絢子

## SHOP LIST

COHINA　https://cohina.net/

STRATA　https://cohina.net/collections/strata

ENELSIA　https://enelsia.com/

ASFVLT、VARISISTA Global Studio／アースマーケティング
……TEL 03-5638-9771

anapnoe、in mood、Hh、ombre bijoux／14 SHOWROOM
……TEL 03-5772-1304

アリエルトレーディング……TEL 0120-201-790

Isn't She?……https://www.isnt-she.com/

OWNDAYS……TEL 0120-900-298

Olu.……TEL 03-6855-3248

花王……TEL 0120-165-691

kikuseisakujo……https://kiku-seisakujo.jimdofree.com/

CLUSE／HIROB ルミネ新宿店……TEL 03-5908-2680

COACH、KOMONO／エイチエムエス アーカイブ ルミネエスト新宿店
……TEL 03-6380-1454

KOBE LETTUCE……https://www.lettuce.co.jp/

Three Four Time／ジオン商事……TEL 03-5792-8003

第一三共ヘルスケアお客様相談室……TEL 0120-337-336

Danae∴／DANAE THE FASHION……TEL 090-6355-8358

W&M／インドル……TEL 03-5808-3977

Marie-Louise／RAYAN……TEL 03-3871-1855

メルヴィータジャポン カスタマーサービス……TEL 03-5210-5723

RANDA……TEL 06-6451-1248

LIM DESIGN……TEL 03-6665-0845

※データは2022年12月のものです。

※SHOP LISTに掲載のないブランドのアイテムは著者私物です。お問い合わせはご遠慮ください。

小柄専用

# MYサイズメモ

自分のボディサイズを把握することが
似合う着こなしの第一歩！
メモしておけば買い物にもお役立ち！

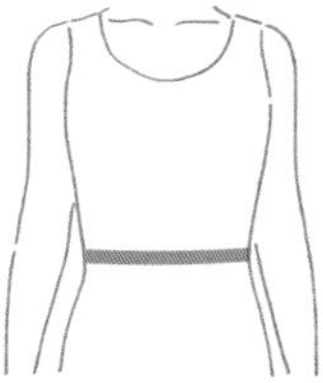

## ☑ ウエスト

cm

腰のいちばん細い部分でメジャーを水平に1周させて。息を吐き、腕をおろした状態で採寸を。

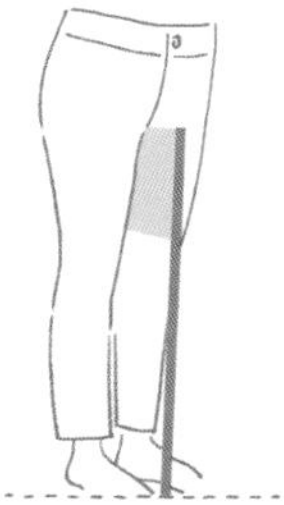

## ☑ 股下

cm

脚で雑誌をはさみ、雑誌の端から床までを測る。雑誌はしっかり上まで上げてはさんで。

## ☑ ヒップ

cm

横から見てヒップラインがいちばん高い位置で水平にメジャーを1周させて。前から見ていちばん張っている位置ではないので注意。

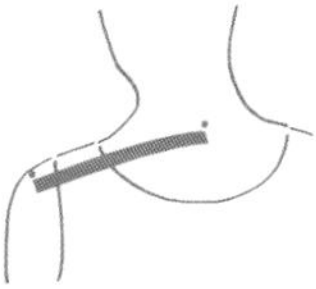

## ☑ 肩幅

cm

肩を指で押し、骨の出っぱっている部分～首のつけ根のいちばん出っぱっている部分を測る。メジャーはそのままに、右手と左手を持ちかえて、逆側は首のつけ根～肩の骨を測る。

## ☑ バスト

トップ

アンダー

cm

バストトップはバストのいちばん高いところ、アンダーバストは胸のふくらみが終わる位置で水平に。腕をおろして採寸を。

## ☑ ゆき丈

cm

首のつけ根のいちばん出っぱっている部分～肩の骨の出っぱっている部分～ひじを曲げたときに骨がいちばん出っぱっている部分～手首の骨の出っぱりまでを測る。肩の力を抜き腕をおろした状態で。

## ☑ 袖丈

cm

肩の骨の出っぱっている部分～ひじを曲げたときに骨がいちばん出っぱっている部分～手首の骨の出っぱりまでを測る。肩の力を抜き腕をおろした状態で。

## 田中絢子 Ayako Tanaka

COHINA/STRATAディレクター。身長148cm。1994年生まれ。2018年、早稲田大学在学中に、小柄女性向けアパレルブランド「COHINA」を立ち上げる。「あなたに陽が当たる服」をコンセプトに、150cm前後の小柄女性を輝かせるファッションを提案。2022年には、大人の小柄女性のためのブランド、「STRATA」も立ち上げる。

Instagram
https://www.instagram.com/ayako_cohina/

COHINA 公式サイト
https://cohina.net/

COHINA Instagram
https://www.instagram.com/cohina.official/

STRATA Instagram
https://www.instagram.com/strata_jp/





### STAFF

取材協力
コヒナーのみなさま

アートディレクション
松浦周作、石澤縁（152cm）[mashroom design]

装丁・本文デザイン
石澤縁、神尾瑠璃子
[mashroom design]

撮影
木村敦（人物）、石沢義人（静物）

スタイリング
村田愛美

ヘア＆メイク
加藤志穂［PEACE MONKEY］

モデル
田中絢子（148cm）、YUNA（148cm）、
兼島彩香（149cm）、新田ミオ（152cm）、
あわつまい（153cm）、石塚かえで（153cm）

イラスト
スズキハナヨ

デザイン文字
YUNA

協力
石塚かえで・坂井華子［COHINA］

企画協力
株式会社newn

取材・文
岩淵美樹（153cm）

DTP
天満咲江（150cm）［主婦の友社］

編集担当
野崎さゆり（147cm）［主婦の友社］


# 148cmディレクターと学《まな》ぶ
# 小《こ》柄《がら》が輝《かがや》くおしゃれの本《ほん》


2023年2月28日　第1刷発行

著　者　田《た》中《なか》絢《あや》子《こ》

発行者　平野健一

発行所　株式会社主婦の友社
〒141-0021
東京都品川区上大崎3-1-1
目黒セントラルスクエア
電話03-5280-7537（編集）
　　03-5280-7551（販売）

印刷所　大日本印刷株式会社





ISBN 978-4-07-453457-9